青春期情绪风暴

心理咨询师教你读懂孩子的心

莫兹婷 著

北京时代华文书局

序 言

以信心之爱陪孩子走过青春期情绪风暴

"也许爱是一门难学的功课，权力就轻易地取而代之。"

这句话出自我敬爱的亨利·卢云（Henri J.M. Nouwen）神父的其中一本著作，我亦十分赞同，尤其发生于密不可分的亲子关系中。

在信息爆炸、社会变迁迅速的二十一世纪，大人和孩子的心境都不免受到社会环境的牵动。父母除了在职场上打拼外，在养育孩子的事上比起上一代父母更费心、更费力，已经可说天底下无轻松的父母了！例如：光是一个手机使用问题，已经让多少父母束手无策啊！当一个个教养的难题把父母给缠住时，起初的爱会被内心的焦虑所驱动，以致陷在"外控"的权力迷失中。美国心理学家威廉·格拉瑟（William Glasser）对此提出的七种外控方式：批评、责备、抱怨、唠叨、威胁、惩罚及利用奖赏控制，结果往往使亲子关系愈加疏离和对立！

事实上，父母面对青少年孩子各样的情绪风暴时，原本也不愿意以权力取代爱！然而，在不知该如何是好的当下，他们心中充满着不确定感与疑虑：我可以怎么做呢？爱的方式有效吗？会宠坏孩子吗？在这样的情况下，父母或许会期待有根魔法棒，面对眼前令人揪心的问题，用魔法棒大力一甩，问题就消失了！这是我二十多年在帮助父母及青少年工作中，体会到的父母最急迫又无助的心境。然而，我也看见许多父母在彷徨无助的当下，反而因着对孩子的爱激发起一种生命力，不断地通过学习寻求出路……

本书是我工作中与青少年及父母的故事，献给上述那些渴望寻找一条出路的父母。我想传递给读者一个重要的信息：无论孩子陷入何种困境，都要承诺以坚定的信心来看待自己和孩子。所谓的信心就是：相信总是有一条出路，是有希望的。(There is a way out！) 因着这微小的信心，爱会被呵护、滋养与淬炼，以至于不会轻易被权力所取代。

当大人们决定带着信心穿越风暴时，必定会接触到自己的内心：无助、焦虑、害怕、悲伤、难过……但是有如雨过天晴般，走过流泪撒种的历程，最终获得欢呼收割的喜悦。因此，本书想带给父母亲这样的礼物：除了对青少年孩子多一份理解外，在细细咀嚼每一个故事的同时，也请父母们直面自己的内心，在这空间中驻足、反思、学习倾听自己内在的声音、情绪或感受，更多地来认识真正的自己。

当对自我和孩子有了深切的认识与了解之后，本书每一篇的"亲子的暖心练习"，更可以协助新手左右开弓，经耐心练习，熟能生巧后就能成为老手哦！

最后，有一句话很重要：小事情，不要急，有方法！因为爱是恒久忍耐又有恩慈的。

为顾及保密原则，文中所有提及或可推论之人事均已彻底改编过。就请大家来细嚼慢咽每一篇故事，用故事进入自己及孩子的心吧！

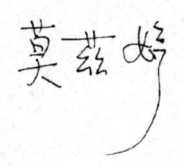

莫兹婷

目录

CHAPTER 01
读懂孩子的情绪

如何帮助孩子平复愤愤不平的情绪…3
接住孩子的情绪，陪伴他发现爱与宽恕的能量

恐惧影响孩子的身心发展，父母如何守护…11
恐惧源于缺乏自信，给予孩子无条件的肯定

如何缓解孩子的考试焦虑…20
引导孩子接纳不完美，增强自我认同感

这个世界有危险，但不要怕…28
传递客观事实，帮助孩子重获安全感和掌控感

家有暴力儿怎么办…36
摆正心态，引导孩子化解"非黑即白"的自我观

如何帮助孩子走出失去亲人的悲伤…44
解开"未竟之事"造成的情感纠结，才能好好道别

当亲子关系剑拔弩张，孩子在愤怒什么…51
厘清孩子愤怒下被忽略的需求，改变情绪表达方式，增强亲密感

如何帮孩子远离负面想法的困扰…61
引导孩子察觉、书写和讨论，——破解非理性想法

CHAPTER 02　　　　　　　　　　*69*
原生家庭该怎么陪伴

大吼大叫才能体现父母的影响力吗…71
爱与管相结合，专心陪伴建立"你好我也好"的合作关系

家有二孩，孩子感到不公平怎么办…79
同理心化解孩子的对立情绪，以"穿透"视野看待孩子的不成熟

如何帮助孩子撕掉"我是失败者"的标签…86
将焦点从"问题"转向"解决"，看见孩子拥有的，避免自我否定

家中一定要有人扮"黑脸"和"白脸"吗…95
不论角色分工如何，父母必须口径一致，标准相同

偷窃或说谎的孩子需要什么样的教育…103
与其责备和处罚，不如帮孩子正视内心"优胜者"与"失败者"的冲突

破裂的亲子关系，如何修补…110
父母也要学习当父母，自己改变了，孩子也会跟着改变

强迫症孩子不被理解的背后隐藏着多少心酸…121
控制和惩罚孩子只会加重病情，关爱和理解才是良方

好学生也会厌学？如何协助厌学的孩子回到正轨…129
留意孩子的兴趣点在哪儿，接纳孩子的倦怠感和补偿性行为

CHAPTER 03 — *137*
青少年良好的社交关系，是情绪问题的解方

被同学排挤？"边缘孩子"的挣扎知多少…139
两难抉择时，协助孩子厘清动机并采取智慧行动

该阻止孩子谈恋爱吗…147
与其阻止，不如化身盟友导正孩子的爱情观

孩子发生人际冲突怎么办…158
有效能的冲突处理方式不是"归咎"而是"倾听"

孩子总找借口，该怎么让他体验人生的美好…165
孩子心中隐藏着高期望，亲子互动多说"YES"取代"NO"

在团队中受挫，如何帮助孩子回归团体生活…173
正视受创伤孩子的情绪反应，陪伴和倾听比提供解决方案更重要

CHAPTER 04 — *183*
用优势观点看待特殊孩子

孩子注意力缺失,怎么帮他找到适合的学习模式…185
共情孩子的自我贬抑思绪,与其责骂处罚不如提供舞台发现优势

如何帮助多动症孩子控制情绪,找到自我优势…191
定焦孩子的优势特质,帮助他成为优秀的"猎人"

自闭症孩子如何适应未来生活…198
天生我材必有用,突破世俗眼光,关注孩子的存在价值

阿斯伯格孩子真正需要的除了接纳还有什么…204
以直接的行动替代语言沟通,建立深层次信任关系

CHAPTER
01

读懂孩子的情绪

冲动、抑郁、焦虑、暴躁、悲伤、沉默……
这些外在的情绪风暴，其实是孩子从内心发出的求救信号。
平静地理解情绪，学会对情绪所隐含的信息做出适当的回应，
才能从情绪中重获自由。
这样的学习，无论对父母还是对孩子而言都是重要的。

❓ 如何帮助孩子平复愤愤不平的情绪

❗ 接住孩子的情绪,陪伴他发现爱与宽恕的能量

很多时候,对大人而言,道歉、原谅或宽恕等行为是一件小事,但对孩子来说却是充满恶意的"不公平"或"委屈",累积久了,可能又会引爆下一场战火。那么该如何协助孩子化解怨恨或"不公平"的情绪呢?

智杰是初中二年级的孩子,从小追求"公平",各种事必放在"公平"的天秤上来检视一番,而且会基于公平理由而有所行动,例如:被拍打一下,必定要打回来;长久以来,师长对智杰的印象是:不想吃亏、得理不饶人。

这一次发生的事件,智杰认为极不公平,在心中存着一口愤愤不平的气,无论怎样都消除不了……

"真是奇怪,为什么是我要跟他道歉?他也有错啊!却一句对不起也没有,这很不公平!"智杰的心中此时充满了一股闷气。

开口向他人道歉，自己的内心会感到委屈、不公平吗？会难掩生气吗？道歉就是弱者的表现吗？以上问题对智杰来说，答案都是"是的"。

还原事件的过程，帮助孩子做好必要的心理准备

道歉的对象是智杰同学的妈妈——王妈妈，起因是智杰一时兴起地在同学便当里撒了橡皮屑，导致便当报废。老师知晓后，指示智杰将便当分给同学作为补救，而同学之间因为平日的友情而没有激化矛盾。然而，王妈妈获知此事时却暴跳如雷，直接找老师兴师问罪。万分焦虑的王妈妈除了要求不能再有下一次外，也希望能亲口对智杰表达想法。

在老师引领智杰去和王妈妈见面之前，老师私下对智杰说："我知道这件事你不是故意的，只是王妈妈很介意，她一方面担心万一便当真的被吃下去了会怎么样；另一方面，这是她为孩子准备的爱心便当，你的做法除了浪费食物，还枉费了她的一番苦心。所以，你可以就这件事向王妈妈道歉吗？"老师这番话的用意是让智杰理解王妈妈今天来见他的原因，也能事先做好心理准备。

当智杰见到王妈妈时，王妈妈重复了一遍刚才老师说的话，智杰安静地听了七八分钟，王妈妈说完后，老师问智杰："你想对王妈妈说什么吗？"

智杰点点头，低头对王妈妈说："王妈妈，对不起，我下次不会再这样做了。"这件事随着道歉落幕了，然而，智杰的心中却酝酿着另一个战场……

王同学一如往常地和智杰互动、玩笑、嬉闹,但智杰对他所做的一切感到不悦、挑剔、斤斤计较。

积极倾听,引导孩子发现事件的正面意义

当我面对满肚子闷气的智杰时,我想他需要的是:重新在这件事中找到不一样的意义,化解心中的怒气。

我问他:"当你听完王妈妈对你说的话,并且跟她道歉了。这整个情况,你感觉像是什么?"

智杰眨了一下眼睛,立即回应我:"很像在动物园里,我把一块肉丢给一头老虎,正好塞住她的嘴,她就不再嘶吼了!"

智杰如此生动的形容令我不禁大笑了起来:"你的形容太有趣,还很贴切!"我深呼吸了几下,缓和一下情绪:"王妈妈被你形容得像只老虎,是因为你感受到了什么?"

"她十分烦躁不安,可能是饿了,或是受伤了。"智杰是心思细腻的孩子,他的确感受到王妈妈心中的忧虑,所以才会这么说。

"当你的眼前出现一只烦躁不安的老虎时,你对她丢了一块肉,所以——你是?"我把说话语速放慢,和我的思绪同步。

智杰接着说:"动物管理员啊!"

"说得好!你是动物管理员,没错!"我再次肯定智杰的回答。

此时我发现智杰的神情明显变得不一样,他脸部有放松的微笑,闷气一扫而空,所以我想把智杰此时此刻的体会重新梳理,让他对道歉一事有不一样的想法,赋予道歉不同的意义。

"智杰,你原来觉得道歉很委屈,而且被降格了,对吧?经过你

刚刚的形容，重新体会一遍，你有不一样的想法吗？"

"嗯，我若是动物管理员，我的位阶自然比老虎高。"智杰很平静地说出他的结论。

"是啊，你不只是位阶比老虎高，你还富有同理心呢！"

保持同理心，将怒火转化为爱与宽容

谈话到这里，智杰不仅对自己所做的事有了一些肯定，也增加了对自我的认同：我是一位有能力的人，不是弱者，是有同理心的人，会怜悯弱者。

于是，我想来个乘胜追击："智杰，当你认为道歉就像是给受伤或饥饿的老虎一块肉时，你会因为损失一块肉感到惋惜吗？"

"不会啊！这是动物园必备的材料，本来就是要给动物吃的。"智杰用一般逻辑来分析此情况。

"所以，这块肉不是你的财产，本来也就预备要给动物吃的，你正好丢了这块肉，就像是给了老虎一份礼物？"

"嗯，我没有想过要给她礼物，但或许她收到的时候，感觉那是一份礼物吧！因为她看起来很满意啊。"

"照你的想法，平常你就储存了很多礼物，像是那些肉，在必要的时候，会主动送出去，即便是被动式地被抢走，也正好是要给出去的东西，对吗？"

"好像是如此，但我从来没感觉到有礼物在我身上储存着。"

"当然！当然！你不会一直感觉有礼物在你身上，但你一直拥有它，而你也不会视这些礼物是你个人的，你愿意分享出去。"

"老师，拥有这份礼物，又可以给出去，这种感觉很好。"

"你可以为这礼物命名啊！"

"嗯！那就叫'爱'吧！"

我伸出手，随即和智杰击掌："智杰，恭喜你啊！你拥有好多爱哦！"

此时的智杰散发出无比的幸福感啊！他在道歉中竟然发现了"爱"！

···· 心理师的暖心话 ····

道歉、原谅和宽恕是需要培养的能力

当父母遇到孩子有"过不去"的情绪时，往往希望孩子早日放下怨气；然而，原谅或饶恕其实不是件容易的功课，对大人而言亦是如此。

事实上，当孩子因被伤害而难过、生气时，千万不要站在孩子的对立面，说"那没什么啦""你也要反省自己的错才是"，这样的方式会令孩子心怀不平的情绪找不到出口，从而累积更多负面情绪，也失去让孩子学会如何面对它的机会。

以下提出两个原则来帮助孩子锻炼出饶恕他人的强大能量。

原则 1　尊重孩子的情绪，不多加批评是首要之事

当孩子有"过不去"的情绪时，倾听他的情绪、想法，并不多加批评是首要之事，可以问他："你对这件事的感受如何？""是什么原因让你如此生气？"可以这样回应他："如果我是你，遇到了这样的事，也会觉得很生气。"

通过倾听和同理，最重要的是让"过不去"的情绪被接住，接着才能理性思考，孩子也能视父母为"同战线的人"，和父母讨论这伤害的由来，逐步厘清伤害是怎么造成的。例如：上面的故事中，智杰发现了王妈妈因对孩子安危感到忧虑而怒气冲天；或是在其他状况下，也可能通过理性思考发觉对方不是故意的，而是自己过度敏感等。心平气和地了解伤害，其实就如孔子所说的"以直报怨"，乃是用符合事实的正确态度来对待怨恨啊！

倘若人一直留在伤害中，对心理健康绝对是有影响的。所以，在了解伤害之后，要离开伤害，当事人须先拥有足够的能量，而不是强压式地对当事人进行道德规劝，例如不断地重复"你不要用别人的错来惩罚自己"，这样的规劝恐怕只会让当事人感到无力及厌烦，因为他必须先让自己内心强大起来，才能离开伤害。这对当事人来说，难度比较高。

原则 2　积极心理：引导孩子看见自己的"拥有"

当孩子将焦点仅仅放在自己所受的伤或所失去的东西，例如失去尊严、不公平等等，内心的痛苦就会加倍；因此，引导孩子把焦点转

移到自己所拥有的事物上,就能重获能量来面对伤痛。举个我常说给孩子听的比喻:"你想象有一天手中心爱的洋娃娃被某个人抢走了,他不还给你,你怎么要都要不回来,你很难过,此时你想起在家中有一个房间,里面全是你心爱的洋娃娃,而且有不同的样式,你会有什么心情呢?"孩子听了之后都会咧嘴而笑。以此例子可以延伸到孩子所经历的事件,唤起孩子内心中所感受到的"拥有",就如智杰从"动物管理员"角度来思考时,他感受到的不是被欺压,而是拥有高人一等的角色,以及这角色所拥有的资产!

当内心有伤痛时,不要让伤痛引领我们;我们需要的是光,用光来照亮我们的路!

心理学小贴士

运用罗兰·米勒《亲密关系》一书中的沟通方式,父母须知:在接收孩子信息的过程中,父母有两个重要的任务要完成。第一是要准确地理解孩子话语所表达的意思,第二是向孩子传达关注和理解,让他感到自己的话是被在意的。这两个任务可以通过复述来完成,即父母用自己的话重复孩子的意思,准确理解、尊重孩子的真正意思。

亲子的暖心练习

只要是人，都会有七情六欲，孩子也是。愤怒的情绪，对孩子来说不只是一种情绪表达，也是一个需要学习应对的重要课题。以下是当孩子在愤怒情绪中时，爸爸妈妈可以做的：

◎接受孩子的情绪，让情绪有出口

先不要急着阻止或压住孩子的愤怒，而是要让孩子知道他的情绪被接住了，再引导孩子说出生气的原因、生气的关键等等，接下来才有办法让孩子理性思考。

◎引导孩子看见所拥有的，以重获能量

除了因为受伤或失去而引起的愤怒情绪外，可提醒孩子他还拥有许多美好的事物，以便让孩子更有自信与能力面对伤痛。

❓ 恐惧影响孩子的身心发展，父母如何守护

❗ 恐惧源于缺乏自信，给予孩子无条件的肯定

当孩子出现怕"鬼"或对某事感到恐惧时，父母通常如何应对呢？说服、责备或嘲笑的方式只会把孩子推向害怕的深渊，洞察孩子恐惧心理背后的自信缺失，多肯定，多陪伴，做孩子的"安全堡垒"，才能让他们学会更多超越害怕的能力！

小彩从小是大人心中听话的孩子，很少让大人操心。就在刚步入初中没多久，怕"鬼"的问题却一直困扰着她——"灯一定要开着，不然我会睡不着！""妈，你一定要陪我睡，我怕半夜醒来会看到鬼！""鬼是不是躲在墙壁内？"

小彩对"鬼"的恐惧感超过了一般状态，进而导致她睡眠不足，干扰了生活作息，也使她常处于精神恍惚、心神不宁的状态。尽管家人很努力地试图帮助她克服害怕的情绪，然而困扰仍然持续着，妈妈于是想到是否能通过心理咨询来化解小彩的不安。

陪伴小彩第一次来见我时，妈妈很无助地说："我告诉她这世上没有鬼，是她多想的，但她还是很害怕，甚至好像愈来愈怕！"

原来，妈妈使用的是说服的方式，企图说服小彩"世界上没有鬼"。效果是：小彩在短暂的时间内获得安抚，但过不久怕鬼的恐惧又再度席卷而来，于是在妈妈与小彩之间形成了有鬼、无鬼的对立立场。小彩甚至急得流出泪来，哭着说："你都不相信我，我真的很害怕！"妈妈无计可施之下，甚至求助了民俗疗法，然而小彩怕"鬼"的情况仍未有改善。

找对话题，转移孩子的恐惧

与妈妈一同在咨询室里的小彩，此时依偎在妈妈身边，神情看起来有些疲惫。

我问她："小彩，你看起来好像很累，是因为睡眠不足吗？"

小彩声音微弱地回答："我晚上睡不好、睡不着，我会害怕！"

"嗯，带着害怕睡觉，自然会睡不好，没睡好就会累，这样的感受真的不好受！"我理解小彩的困扰，接着用强调的语气说："你对鬼的害怕，我懂！要处理鬼这件事，你找对人了哦！"这时小彩抬起头来，看向我，表情惊讶，看得出来她十分好奇我要说什么。"我不是抓鬼大队的，但鬼如何影响人、人如何不受其影响，我可是略有研究的。"我铿锵有力地说完这一段话后，小彩原来紧绷的脸庞便略显放松了。

小彩紧接着问我："莫老师，所以你相信有鬼，对不对？"小彩问我这问题，其实是希望我能相信她的害怕不是无稽之谈。

"从老祖先开始，任何宗教信仰都相信人死后有灵魂，所以并不需要去证明有鬼。但不是随便就能看到鬼，就好像——我们知道环境中有细菌，却不需要时时刻刻去证明细菌在那里。"我使用"细菌"的比喻，是协助小彩用她能懂的事物去理解她所疑惑的事。

小彩紧接着问我："为什么我会感觉到鬼？别人都说没有。"

"你这个问题问得很好！我们继续来思考细菌，什么样的状况下会造成细菌感染？"

小彩很认真地思考后说："如果有伤口而没有去处理，它就会发炎。"

"你说得很好，这是属于身体的伤口。你知道人的内心也会有脆弱的时候吗？"我用"生理"和"心理"的比喻，引导小彩对怕"鬼"的事情产生掌控感，以此延伸出思考与讨论的目的。

小彩脸上出现了疑惑，她摇摇头："是指——我心理上有什么问题吗？"

"我们对身体的概念比较熟悉，所以用身体来了解什么是心理的脆弱。身体的健康有先天的，也有后天的，例如有些人先天就鼻子过敏；也有受后天影响的，例如长期处于辐射的环境，身体自然就会变差。同意吗？"我用缓慢的语速让小彩理解。

小彩点头回答："同意！"

恐惧的心理原因在于没有自信

"心理也一样，有些人天生因有敏感的特质，在某些方面比较脆弱，对环境的刺激会有过度的反应，例如很在乎别人的眼光，跟别人相处时内心常感到焦虑；另一种则是后天影响，例如在童年时期受到一些伤害……"

我一边解释一边观察小彩的反应，她很认真地倾听、思索，待我的说明告一段落时，小彩回应了："我常常怀疑自己的能力，妈妈说我没自信，我也很怕别人表情很凶的样子。这是不是表示我很脆弱？"

妈妈也接着说："是啊！小彩从小很乖、很安静，但很少表达自己的意见，我希望她能多点自信……"妈妈补充了很多小彩没自信的表现。

"细菌会攻击我们的脆弱点，多一些自信，就不怕细菌来干扰了。"谈到这里，小彩已经不再问有没有"鬼"的问题，而是谈论没有自信的苦恼。

我问小彩："你有没有一件很想做但不太敢说出来而放在心中的事？"把心中的愿望说出来，是缺乏自信的人难以做到的：一是他们感受不到自己的愿望，二是他们常对自己的愿望不抱希望。

小彩支支吾吾的，眼神看向妈妈说："我……想跟同学……出去玩，在放假的时候，他们会去逛街、看电影……妈妈，可以吗？"

妈妈很快回应："你只要让我知道跟谁出去、去哪里、几点回来，我就会放心。"小彩听了妈妈的回应，顿时露出十分开心的表情。

我回应小彩："你可以表达出你的需求，这需求若是合理的，妈妈会同意啊！若妈妈有什么意见，她也会跟你讨论，对不对？"

我看向妈妈，妈妈猛点头："那当然啊！"

下一秒，我发现小彩的表情有些严肃："小彩，你还有什么问题想问我吗？"

小彩手握紧，问："莫老师，万一晚上睡觉时我又很害怕怎么办？"

寻找能让孩子放松的"驱魔宝物"

"罗马不是一天建成的，时间久了，当你心理力量愈来愈大，就会愈来愈勇敢。我们来想想——在你的卧室内，什么样的气氛会让你感到放松、心情愉悦呢？"

"听我喜欢的音乐，摆一些我喜欢的饰品或海报，我好喜欢一个韩国偶像团体，我……也想要他们的海报。"小彩想起喜欢的事物，不由得开心了起来。

"你想的方法非常棒！当你不在自己的卧室内却感到害怕时，大声哼出偶像的歌，也会让自己远离害怕哦！"我补充可能发生的情况。

小彩点点头。妈妈问了一个极重要的问题："莫老师，你觉得看惊悚片适合吗？因为她常常害怕，可是又想看。"

"我倒是要来请教小彩，你觉得这对你的身心是有帮助的吗？会造成我们的心情不舒服的事物，就要远离，好好保护我们的心。"我请小彩为自己判断，做自己"心"的主人。

"当然是不好！"小彩如此回答。

那一天的咨询后，小彩重拾对恐惧的掌控感，也开始有方向地练习表达自己的意见，渐渐远离了怕"鬼"的不安了。

心理师的暖心话

正视孩子的恐惧心理

当孩子出现怕"鬼"的状况时,父母通常是如何回应的呢?"世界上哪有鬼,你不要自己吓自己!""你胆子很小啊,你几岁了,怕什么怕!""那些鬼怪的电影都是假的!"

对孩子而言,没办法听进去爸妈的训词,恐惧的情绪挥之不去,甚至父母愈想说服,孩子恐惧愈深,原因在于父母的说服、责备或是嘲笑,会让正在经历害怕的孩子有着"我害怕的心情,你一点都不了解"的孤单心情,从而承受着更大的恐惧感。

大人必须看清楚:恐惧心理正在支配着孩子,他的害怕是千真万确的,而非三言两语能抚平的。所以,要陪伴孩子跨越恐惧,关键是提升他的掌控感及应对能力,更重要的是父母陪伴孩子时的细心和耐心。

事实上,陪伴孩子克服怕"鬼"的情绪,或许也能唤起许多大人面对恐惧时的情绪。每个人的内心都存在不同的害怕,当我们愈了解害怕、接纳害怕,害怕便不再能操控我们,我们可以平静地面对它,进而生出更多超越害怕的能力!

亲子的暖心练习

以下提供协助不同心理成熟度的孩子克服怕"鬼"情绪的原理与做法：

◎用"同理心"倾听孩子的惧怕

当听见孩子说"我怕鬼""我怕黑"的时候，也许你会说："你不要自己吓自己，你想太多了"，这样一来，你站在孩子害怕情绪的对立立场，否定他的情绪，而非了解与接纳他的情绪，结果是：你切断了与他的心理连接，也失去了陪伴他学习的机会。

因此，无论面对多大的孩子，取代否定情绪的第一步就是放下手边的事，以专注及好奇的态度来了解孩子的害怕情绪："你很害怕吗？""你觉得黑暗的环境会发生什么事呢？""你想到的鬼是什么样子的？"保持稳定情绪，不大惊小怪，避免加深他的恐惧心理。当有机会引导孩子将害怕的内容具象化时，不仅他的心情会获得理解，恐惧感亦会降低。

◎成为孩子强大的"安全堡垒"

心理学依恋理论的论述是：当孩子身边有一位让他安全依恋的大人，这位大人就像是他的"安全堡垒"，能让孩子愿意探索这个世界，也能够从父母的示范及安抚中学习调节情绪。

因此，当孩子对于未知世界或事物产生怕黑怕鬼的情绪时，我们如何能成为他的安全堡垒呢？第一步必须给予肯定——肯定他找对人了，因为爸妈在对抗黑暗或鬼怪方面可不是"省油的灯":"原来你怕这个——(描述他所害怕的内容),你找对人了啊,我这方面可是很厉害的!"以下列举一些创意的做法展示你的"厉害",也可以举一反三哦!

跟孩子比力气,让他感受你的力量有多大,赢他几次之后再让他赢,如此一来,他就在你之上了;秀出你的肌肉:"看,我有这个!";用比喻:"我身上有光,黑暗或鬼遇见我就逃之夭夭,因为光会让他们避退。"当力量在你身上展现时,孩子不知不觉会从害怕移转到他眼前有一个很厉害的靠山。如此一来,他不仅能因靠山得到安全及保护,也可以学习靠山如何对抗黑暗和鬼怪的方法。

◎用"探索及增能"增加掌控感

再进一步,父母可参与他的"恐惧幻想",让孩子在安全堡垒的加持下渐进探索,目的是让孩子辨识该恐惧事物的本质,对恐惧事物产生新的认知,最终协助孩子从内而生出一种"掌控感"。以下提供增加"掌控感"的例子,只要我们掌握了增加"掌控感"的精髓,就可以找到适合孩子的方式。

1. 肢体游戏的方式

"鬼在哪? 我们一起去看看!"接着,牵着他的手,陪他来到他所说鬼出没的地方,以想象剧方式来探索环境。例如:与鬼展开动态十足的交锋,假装抓捕他,有时不慎被他攻击,但你们远远地占上风,最后对鬼施加恐吓命令:"你想吓人,但你绝对逃不出我的手掌心!"直到鬼很惊恐地消失离开。"你回来,不要逃跑!",转而用得意的口气对孩子说:"他吓得屁滚尿流地走了！"其实，这是一场你和孩子共享的奇幻冒险游戏，而你们永远都是赢家！最后，你传输一套护身秘籍给孩子："鬼怕勇敢的人，你不怕他，他就输了！"孩子累积多次这样的成功又好玩的经验，渐渐会对所害怕的事物产生掌控感。

2. 画图说故事游戏

"你把那鬼的样子画出来给我看看，我来研究他是什么样的鬼，用什么方式来对付他。"画得愈具体愈好，他边画，你边问他："他有什么地方长得像人？""有眼睛吗？ 鼻子？ 嘴巴？ 头发？"画完之后，请孩子来想想这鬼的名字和属性："他是什么鬼？捣蛋鬼？贪吃鬼？爱哭鬼？"接着延伸到与人性相关的问题："他是捣蛋鬼对吗？他是不是太无聊、没朋友，到处捣蛋找朋友？""他是不是爱哭鬼，想找人秀秀？"你边问边猜，只要孩子回答，立即给他大大的赞赏："你太厉害！被你识破了！"最后依照孩子画的图及故事内容来延伸对付鬼的方法："原来是这样的鬼啊！你猜要用什么宝物来对付他呢？"先以孩子提出的方式为主，如果他迟疑，你再从旁协助，与孩子一同把宝物画出来，贴在家里某一处，成为他的守护者！

3. 擅用比喻

针对年龄较大的孩子，就像故事中的小彩，可以用比喻方式，如：鬼如同细菌，它难用肉眼看见；细菌会攻身，鬼会攻心；而两者都可以通过增加免疫力来对抗。"当你害怕时，可以做哪些事让自己心情放松呢？"例如：打开电视、听音乐、开灯、看书、找人聊天等等，跟孩子讨论出专属于他的解决方案。

如何缓解孩子的考试焦虑

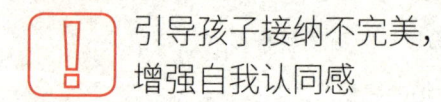

> **!** 引导孩子接纳不完美，增强自我认同感

家中是不是有一个对自己要求很高的孩子，若是考试考不好，便会大发脾气呢？其实这样的孩子内心害怕失去肯定，父母不妨先肯定他的付出，并引导他接纳一点点的不完美，适时纾解压力，才能使他真正摆脱焦虑感。

妈妈希望初二的阿睿来见我："莫老师，读书这件事，阿睿从来都不需要我们操心，我们操心的反而是，他太认真了，每天只睡两三个小时，十二点就寝，三点闹钟响，马上起床继续念书；要求考高分，考不好对自己大发脾气，撞墙大吼。眼看会考又要到了，我们真怕他承受不了考不好的打击……"

在妈妈一番游说后，阿睿终于愿意跟我见面。他见到我的第一句话："我们要谈多久？一个小时吗？可不可以提早结束？"

我感受到阿睿的焦躁不安："阿睿，你好像很担心时间，是什么重要事情让你挂心吗？"

阿睿立即回答了我的问题："我要回去读书，今天已经耽误很多时间了，这会打乱我的计划。"阿睿念书分秒必争，心情也常常受考试成绩影响；爸妈看在眼中好心疼，但又劝不了他。我起初对阿睿设定的咨询目标是：放松他对考试成绩的执着想法、降低他对自己的要求；然而被阿睿拒绝后，我发现愈想引导阿睿改变，他会愈无所适从，并顿时感到失去多年来唯一的掌控感：埋头苦干于课业。

积极发现孩子值得被肯定的动机

"阿睿，你这样很辛苦！其实你已经做得很好了。课业成绩很重要，但睡眠以及你的身心状况也很重要。"

我话还没说完，阿睿就告诉我：他不会放弃目标——考取第一志愿学校，唯有从最顶尖的学校出来，才能有高职务、赚很多钱，这就是他要的；唯一能实现这目标的方法就是拼了命读书。

被阿睿打断后，我调整了咨询的目标："阿睿，可不可以给咨询一个机会，你可以谈任何你想要谈的，包括你目前遇到的压力或是阻碍，我会站在你这一边来协助你获得最好的。"我也告诉妈妈以上调整：不管孩子选择什么，我们与他站在同一边。

阿睿是一个心肠柔软的孩子，他的回应是：愿意接受往后的咨询。

改变就从积极跟随开始。所谓的"积极跟随"就是去发现他值得被肯定的动机，肯定他是一个努力向上又为自己负责的人，接纳他的一切努力，不带有主观想法和任何批判的眼光来看待他。这样的积极跟随使阿睿被疗愈了！他原来仅仅看到自己的不足，对自己失望，如今他被肯定、支持着。

让追求完美的小孩接纳不完美的自己

阿睿的第一个改变是——在荆棘密布的框架中重获自由。

我听见了他对现行教育的批判："我们的教育并没有教我们认识自己，更没有教我们如何选择，唯一教我们的是去追求分数，依照分数来做生涯选择！"在批判的同时，阿睿仍然勤奋于课业："我对未来的生涯选择并不清楚，目前我选择以课业为重，尽我能力做到最好。"

阿睿对现行体制的批判代表他原来的僵化思考产生了松动，也就是重新思考原本的"应该"。我们的教育体制的确不是一个完美的体制，采取绝对认同的做法时可能会落入"失去被认同"的恐慌，例如：我分数不及格，我是失败者！如此一来，一切学习的驱动力都是恐惧，最后胜者为王，败者为寇；反之，当客观地进行批判时，乃是以自由之身为自己重新做选择、做计划。

阿睿的第二个改变是——放弃旧模式，练习新模式。

阿睿自然而然地减少了读书时间，多了睡眠时间，然而隐藏的焦虑感仍时不时露出身影，阿睿质疑自己："我好像变懒了，有时候读书时提不起劲，我很担心有一天我会落后！"

我问阿睿："在学习这条路上，你想短跑还是长跑呢？"

阿睿毫不犹疑地回答："当然是长跑啊，活到老学到老！以前我拼了老命地跑，像是短跑一样，每分每秒都用冲刺的方式跑。"

我接着说："你目前调整赛事，从短跑转为长跑。但以前你用短跑的模式进行长跑，导致某些肌肉过度使用，目前它们均在休养，等休养好了，就可以使用长跑模式了。"

阿睿很振奋地说："让它们休息是必要的，不只是应对会考，还有很多想做的事！我要慢慢地跑，使用均衡的力气，这样才能持续很久！"

阿睿的第三个改变是——接纳不完美。

"我这次的考试成绩还可以，比之前退步一些。"

我好奇阿睿怎么看待退步："你的心情没有因成绩退步而感到烦躁，你是怎么看待'退步'这件事的？"

阿睿的脸色很轻松："除了懊恼，退步时可以做的事情有很多，例如：检讨退步的原因并在下次改进，就算失败了，没有考上我想去的学校，也还有路可走，再努力就是了！当我想要学习的时候，在任何环境都可以学，不是吗？"

阿睿在升学的路上走得愈来愈踏实，清楚目标，坚定信念，也能随时做必要的调整。

···· 心理师的暖心话 ····

给予认同和支持，帮助孩子适时纾压

　　他人的眼光常常会影响我们的自我认同感，因此我们为了得到他人的认同而奋战，而且强迫性地停不下来。阿睿也是这样，当他人出于关心而劝他时，反而使他更焦虑，因为阿睿觉得：连唯一可以通过努力来展现的实力都被怀疑吗？然而，当阿睿知道他的努力是被认同的，他可以觉察未来选择的多样性时，焦虑就减少了。

　　面对过度自我施压的孩子，大人除了给予认同及支持，让孩子感受到你和他是同一阵营的，也可以适时地提供减压妙方。

心理学小贴士

　　卡尔·罗杰斯提出"价值的条件化"。在"价值的条件化"作用下，个体的价值感和自尊建立在他人和社会的好评和赞赏基础上。这些他人和社会的价值观念，并不一定符合个体自身的真实需要。人，要实现自我价值，而不是只有在获取他人的赞赏或好评时才觉得自己有价值。因此，父母需要引导孩子接纳不完美，增强自我认同，建立持续稳定的自我价值感。

亲子的暖心练习

当孩子过度自我施压时，父母该怎么做呢？下面提供五招引导孩子减压的好方法：

◎第一招：和压力对话，"我的目标是——，就算——，我也可以这么做——"

压力最大的问题是让人患得患失，它会像心魔一样搅扰你，最常出现的字眼是"万一"，例如："万一考不好，怎么办？"而这"万一"的声音，犹如预言般把未来形容得毛骨悚然，所以启动了内在的作战系统。

然而，这"虚拟恐惧"经常会让我们或孩子惊慌失措，使得内在的能量变质为不安、患得患失。所以，要和压力对话，改变对它的想象。例如："我考试的目标是——，就算——，我也可以这么做——。"这样，"万一"会失效，信心会增加，目标会更具体！

◎第二招：实际行动，订进度、抓重点、做考题、改错误、温习课本

要消除压力所带来的不安，实际行动也很重要！当压力铺天盖地袭来时，我们应该帮助孩子冷静地拟订计划，接着按部就班地执行。例如：跟孩子寻找那些有考试经验的前辈，询问他们如何"有策略"地"订进度"。听取了前辈们的意见之后，再请孩子依照自己的时间和步调，订出属于自己的计划。

因为准备考试的时间有限，所以最有效率的方式是：抓重点、多做考题、订正错误、温习课本，不会的记下来找人问！

◎第三招：身心纾压很重要，跑步、写日记、听音乐、看书、祈祷、聊天……

面对压力不一定要努力、努力、再努力，这种强迫行为可能是一种陷阱，随时保持身心最佳状态才是最重要的。所以，即便是在压力期间，动动身体仍是必要的，最简单的运动就是跑步，配合其他心理纾压的方法，如写日记、听音乐、看书、祈祷、找好朋友聊天等等。

◎第四招：战胜诱惑很重要，选择一个安静的可以专注的环境

压力还有一种出现的方式——内心打架！比方说，在压力大的时候不停地想吃东西、打游戏、看电视、玩手机等等。压力让我们去做相反的会沉溺于其中的事。

此时我们心里很痛苦，不想这样做，却又无能为力。这是许多人常出现的内心纠葛，一方命令一方去做什么，另一方不愿意，甚至去做不被对方允许的事。这是一场耗能的争论，争执不下时就会造成混乱、失控，导致心情很差。

所以，当准备考试时，引导孩子选择一个安静的可以专注的环境，像图书馆、自习室，在团体动力的氛围中较容易心无旁骛地读书；至于那个"诱惑"，并不是要去消灭它，而是为它做更好的安排，结果带来的不是罪恶感，而是喜悦，例如：

与自己约定在什么期限内达到什么进度,当完成时给自己一些犒赏或庆祝,鼓舞自己继续前进!

◎第五招:寻找孩子信任的陪伴者,陪伴、支持、打气

事实上,压力像调皮的小孩,偶尔来闹一下场,所以在这关键时刻,除了要帮孩子理解压力所产生的内心变化、察觉自己的压力状态、按部就班地执行计划、过着身心和谐的生活之外,最重要的是要能帮孩子意志坚定地面对平稳中的震荡。最好的方法就是找人陪伴孩子走过这漫长又煎熬的过程,譬如家人、老师、好朋友,定期邀请他们为孩子打气,这是重要的!

❓ 这个世界有危险，但不要怕

> ❗ 传递客观事实，帮助孩子重获安全感和掌控感

很多时候意外来得太突然，造成孩子心理的阴影。在这个时期，父母除了陪伴孩子，还必须以同理心开导孩子，以免孩子的恐慌情绪蔓延。

小菊高二以前，无论学业、人际还是社团都兼顾得很好，是老师眼中热心服务、学习认真的学生。然而某件事情的发生冲击了小菊长久以来的平静生活。小菊一如往常地放学独自回家，途中遇见了一位陌生男士。该男士靠近小菊，刻意阻挡她的去路，开口说："我注意你很久了，我想和你做个朋友。"小菊打量了一下这位身形矮胖的男士，快速反应说："我不认识你，你走开！"该男士没有走开，小菊见状，大步地移动了脚步，头也不回地拼命往前走……

自那天起，小菊内心反复出现该男士的身影和他口中的

"我注意你很久了！"这阴影在她内心里逐渐扩大：她被跟踪多久了？接下来会遇到什么危险？为什么会被盯上？种种疑虑的想法像原子弹一样突袭小菊的内心，小菊出门、走在路上时，恐慌像是死神一样袭来，生活中美好的步调画下了休止符，小菊也休学了。

我和小菊约定初次见面的当天，她因恐惧没办法出门，我们只好临时更改预约时间；再一次见面时，她虽准时赴约，面容却十分沮丧。"一说要出门，我会十分害怕，我怕在半途中突然遇到令我害怕的人或情境，我会顿时头痛、心跳加速、手脚发麻、冒冷汗，非常不舒服，像是快要昏倒一样，真的很可怕！"小菊向我描述她的状况。

"你今天能成功来到这里，算是不简单了。"我肯定了小菊的努力。

"出门之前，我很害怕。"小菊长叹了一口气，"唉！这个问题让我没办法好好生活，我不敢去学校，任何地方都不敢，可是我之前不是这样子的……"小菊停顿了几秒钟，恐惧不安的情绪再度席卷而来。

"出门对我来说太困难了，不管在路上、餐厅还是商店，任何胖胖的男生都会让我不由自主地感到害怕。家人、朋友都劝我说街上向女生搭讪的男生很多，叫我不要太在意，但这样的说法还是无法帮助我。"小菊在描述的过程中，身体微微地颤抖，好不容易将事发到现在的情况完整地说出来。

多给孩子中肯的想法反馈

"小菊，我可以感受到你的恐惧，你正经历着强大的恐惧，因为你记忆着那深刻的画面，包括影像、声音、背景，这对你来说是很痛苦的。"我的理解能带给小菊被接纳的感受。

小菊表情痛苦地问我："很多人都劝我'不要想太多，没事了！'难道是我的问题吗？我会陷入这种恐慌感，别人不会吗？"小菊承受着自我怀疑的沮丧心情。

小菊需要的是中肯的想法，不是被指责也不是被安慰，我这样回应她："小菊，这种突如其来的冲击造成了你的恐慌，这恐慌的程度和复原的时间因人而异，有些人可以自然复原，好比不小心割伤的浅伤口，只要保持伤口清洁便会自然痊愈，有些人就需要长一点的时间，因为伤口可能因处理不当而发炎了！"

小菊立即做了回应："我在很恐慌的第一时间告诉我的家人，但他们并没有什么反应，我不知道怎么办。"

"你的家人在第一时间小看了这事的冲击，后来你愈来愈害怕，他们也不知该怎么办？"小菊点头："对，他们就是这样！"她接着说："后来他们知道我的状况严重，妈妈天天陪伴我，朋友也关心我，只是……我的生活改变了，我没办法离开家门，我觉得外面很可怕。可能只有上帝最了解我的害怕吧！"

小菊对环境、对自己失去了信心，但唯一相信上帝，上帝也带给她一份安全感。我这样问她："你心中的上帝长什么样呢？"

"他像是很关心我的爸爸吧！他用很大的臂膀保护我。恐慌的时候，旁人好像帮不了我，连我自己都帮不了自己。所以，我只祈求上帝帮助我了。"

"你如何感觉到上帝在帮助你呢？"对小菊而言，这是她的一线希望，我想把这希望具象化，让小菊常能想起这希望。

"我……相信他会帮助我，但我不知道他会怎么帮我。"

"你说他像是很关心你的爸爸，又有很大的臂膀，所以，很大臂膀的爸爸会怎么帮助自己的孩子呢？"我边说边比画了一个大臂膀的样子。

小菊想了一想："他会用臂膀紧紧抱住我，使我不受伤害吧！他也会喝止侵犯他的小孩的恶势力。"

"小菊，你形容的画面又温柔又有力量，我也感受到了保护你的形象！你回去之后，可以多想象这画面，随时感受到上帝与你同在。"

小菊主动说："我可以把这画面画下来吗？"

"当然好啊！"

恐慌出现时，陪孩子转移注意力

下一次咨询时，小菊将她创作的图给我看："中间的女孩是我，我的外圈有一股黑暗势力，在我和黑暗势力的中间是一圈光，光把我和黑暗势力隔开了。"

我问小菊："那很有分量的臂膀是否化作了这道光呢？"

小菊说："我看不到上帝和他的臂膀，但我处处可以看到光。"小菊仍有恐慌的时候，对外在环境仍然害怕，但她尽可能地转移注意力，让恐慌减少，小菊在慢慢地进步。

接下来的几次咨询，我请小菊回想她曾经度过的美好时光，例如咖啡馆、美术馆、秋天落叶的街道……再加上上帝默默守护她的画面，小菊的安全感增加了。

有一次，小菊递给我一幅画，画中一个女孩独坐在公园里的草地上，抬头仰望着蓝天，口中酌饮着一杯冰茶，有几位孩童在女孩不远处玩耍。画中的女孩看来很悠闲、很惬意。小菊带着喜悦的心情说："我完成这幅画后，突发奇想地想到公园走走，我很平静地出门了，那一天——我像是回到了之前独处时的美好时光，我坐在公园的草地上，望着蓝天发呆，欣赏孩童的可爱模样。"

"自那以后，我还去过了几次咖啡馆，我已经不像之前那么害怕出门。只是我到现在还不太敢尝试人潮拥挤的地方。"小菊有自信地分享了这段时间以来的进步。

···· 心理师的暖心话 ····

与其担忧揣测，不如积极面对

街道上陌生男子的唐突反应引起了小菊的恐慌；同样地，在我们所处的社会，也曾发生过引起恐慌的伤人、杀人的事件，在事件过后，大人们需要帮助自己从惊慌忧虑中走出来，也需要了解如何陪伴孩子面对这些惊悚的社会事件。

父母无须揣测孩子听到什么，只要父母做好心理准备，先安抚好自己焦虑的情绪，再以从容的态度关心孩子对事件的了解，如："你知道最近有坏人进入学校伤害小朋友吗？"以此破题后，便能与孩子进行一来一往的谈论。

避免主观臆测，向孩子传递客观事实

当惊悚的社会事件发生时，人们为了缓解内心的恐惧，尽快找回对生活的掌控感，各式臆测纷纷出炉，然而通过丑化、激化、标签化反而造成对社会的扭曲印象，例如：社会藏着很多"杀人魔"、玩电子游戏的人都心理变态、有神经病的人很可怕……这些夸大式的以偏概全的想法，不但会使孩子对这世界产生错误判断，也造成他们对人的不信任。

因此，最好的做法是向孩子传递客观的事实！唯有对事情客观地了解与判断，才能获得安全感，重新对周遭产生掌控感，包括"发生了什么事？""发生率有多大？""为何会发生？""我可以怎么保护自己？"等等。以下就针对上面所提供的问法，帮助父母如何陪伴孩子度过这段时期：

第一问：发生了什么事？ 对事件过度的描述会催化孩子不必要的联想及恐慌的情绪，因此切勿巨细靡遗地描述，如：割几刀、流多少血等等。倘若孩子主动提及相关的情节，父母可以选择性地提供信息，更重要的是协助孩子解开心中的疑问及恐惧，关心他对此事的感受。

第二问：发生率有多大？ 夸大的讲法可能会令孩子误认为这些事件时时刻刻会发生。因此父母可以用孩子自身的经验去理解事情的发生率，如：这类的坏人只有很少数，这件事的发生率比起路上的车祸发生率小很多。

第三问：为何会发生？ 帮助他了解这个"坏人"的困境，如：他没有朋友，他很不快乐，他不知道怎么解决这些问题，也不会找人求助，当压力累积到一定的程度，他的头脑生病了，最后害了别人，也害了自己。这是情绪和心理的教育，可以帮助孩子从中学到："情绪及压力调适"是需要学习的；情绪是需要被照顾的，父母可以成为他情绪的聆听者。

第四问：怎么保护自己？ 许多父母在事件还没发生以前已经教导孩子如何保护自己。因此，在社会案件爆发后，原来所教孩子的安全原则仍然是可行的，只要再增添少许注意事项即可。此外，父母应告知孩子，社会通过这些事件，会积极地检讨、改善，以民众、孩子的安全为重。

心理学小贴士

"责任扩散效应"告诉我们：当发生了某种紧急事件时，如果有其他人在场，那么在场者所分担的责任就会减小。因此，父母在教导孩子如何保护自己时，可以建议孩子在危险情境下尽可能地向身边的明确的人求助，而不是向众人求助，以免产生"责任扩散效应"。

亲子的暖心练习

当孩子产生恐惧时，小至怕黑，大则受到外界影响而生的惧怕情绪，家长们千万不要小看，要正视孩子的倾诉，以客观的态度帮助孩子。

◎以同理心接纳孩子的恐惧情绪

每个人都有害怕的事物，想想自己最害怕的东西，当下的情绪是不是也需要被好好安抚？年纪更小的孩子当然也是如此。务必倾听孩子的心声，并且给予同理，同时也需要提供中肯的建议，避免强化那份恐惧与恐慌。

◎以客观的态度帮助孩子厘清恐惧的模样

最中肯的建议便是，带着孩子一起分析客观的事实。和孩子一起查找资料，可以用数据来呈现发生的概率等等，当孩子认识到客观事实后，可以减少心里被放大的恐慌感。并且带着孩子回想好的记忆，一点一点消除恐慌。

◎鼓励孩子用各种方式记录与抒发情绪

各种情绪都需要有抒发的通道，可以鼓励孩子记录下来自己的情绪，让孩子用自己喜欢的方式记录，也是一种抒发情绪的方式。

❓ 家有暴力儿怎么办

> ❗ 摆正心态，引导孩子化解
> "非黑即白"的自我观

面对家里讲不了一句话就大打出手的孩子，父母该怎么处理呢？事实上，那是孩子发出的求救信号，父母应该找时间深入了解，或找专家协助，帮助暴力儿走向自我控制的光明大道！

七岁的诗诗暴躁的情绪及暴力的行为反复出现。

妈妈感到极度困扰，她深知不能用高压的方式来压制她，但诗诗暴力的情绪逐渐强烈。在餐桌上，妈妈对诗诗说"吃饭不要玩手机！"此话一说完便是"啪"的一声，妈妈来不及闪躲，就挨了诗诗的一个挥掌。过去，妈妈可能会大声咆哮，或是回给诗诗一个巴掌；此刻妈妈止住了暴力回击的行为，深呼吸，对诗诗说："你这样，妈妈很不喜欢。"

诗诗把脸背过去，表情极不悦。妈妈再次说："我不喜欢你这样对我，如果你不道歉，我就不想理你了。"正当妈妈要起身离开餐桌时，诗诗把脸转了过来，抱着妈妈，温柔地说："对不起！请你原谅我！"妈妈再次好言相劝，同时萌生了寻求心理咨询协助的念头。

初期诗诗来见我时，总是紧贴在妈妈的身后，同时有一系列的分离仪式：要妈妈陪伴她、牵她的手到咨询室门口，在分离的那一刻，要妈妈紧抱着她，然后亲一下她的额头。

完成仪式后，诗诗单独和我在一起，表情显得拘谨，不断观察四周的环境。随着咨询次数的增加，诗诗渐渐放开，并经常争取互动时的主导权。经过了一段时间的互动，我决定"挑战"她的主导权。

"莫老师，我们来玩过家家。"诗诗用期待的眼神看着我。

听完，我的脸部表情垮下来，抗议说："不，玩了很多次，不好玩！"

"啪"的一下，闪躲不及，我的头被诗诗挥掌击到了。

"哎呀，我的头好痛！"我故意放声大叫。

"活该，谁叫你不听我的！"诗诗不耐烦地回我。

"我说'不好玩，要玩别的'你就生气了。"我的手仍然抱着头。

诗诗又拿起一件物品往地上砸，零件顿时解体，诗诗的眼神瞟向我，示威的神情像是挑战我的极限。我用坚定的态度对诗诗说："我不听你的话，你打我的头、又砸我的东西。这和我之前认识的诗诗不一样，到底发生了什么事？"

"我有时候是小天使，有时候又是坏精灵……我妈妈说的。"诗诗边来回踱步边回答我的话。诗诗的温和和暴力在瞬间转变，如此极端的表现被妈妈形容成"小天使"和"坏精灵"，彼此之间无法共存。

暴力小孩往往有暴力父母

诗诗妈妈曾告诉我她和先生过往对待诗诗的方式："在诗诗六岁以前,我和先生感情很不好,经常争吵,他十分不能忍受小孩的声音,只要小孩大声一点,他就会冲上去喝止,我担心哪一天他会失手打伤小孩。因此我对诗诗的一举一动都管控得很严,她被我带得……不像一般的天真的小孩,她很会看脸色,迎合别人,又很容易暴怒,近来她暴怒的情况愈来愈严重。"我了解了:原来诗诗一直期盼自己是爸妈心中"完全好"的小孩,不能容忍自身有一点不好;一旦有一点不好时,顿时反转为"完全不好"。诗诗带着"非黑即白"的自我观念进入这世界,她看自己如此,看这世界亦是如此。

我决定分别和"小天使""坏精灵"聊聊天,希望"白"可以容忍"黑","黑"也可以容忍"白"。"坏精灵,你用了很激烈的方式表达你的想法,你想告诉我'我要听你的',可是这样我就没办法听你的,你知道吗?"我用了极温柔的语气。

"你就是要听我的!"诗诗的态度仍然强硬。

"哦!是吗?但我认为朋友是这样的:有时候我听你的,有时候换你听我的,这叫'你好我也好'。"说到"你好我也好"时,我指了一下她,再指回自己。我停顿了一会,观察诗诗的状态,只要她没有更激烈的反应,我就决定继续说。我放慢了节奏:"如果,你不把我当朋友了,唉,这些有趣的游戏我就只能一个人玩了,好无聊哦!还是找别人来跟我玩呢?"后面的那一句话我像在自言自语。

诗诗马上扑到我身上,用祈求的语调说:"对不起!对不起!"

通过游戏化解孩子的"非黑即白"自我观

我两手紧握她的肩膀:"你想跟我玩,是吗?"诗诗用急促的音调说:"我想跟你玩,我想跟你玩!"

"我也想跟你玩,也想跟'坏精灵'玩,我了解她,她只是有一些坏习惯,改过来就好了。"我想传递"黑中有白,白中有黑"的观点。

"坏精灵不可爱,我要永远当小天使。"诗诗以撒娇的口吻说。

"是啊,小天使是不会怕坏精灵的,即便有坏精灵存在,她也一样是好天使。"

"为什么?"诗诗不解地问我。

"因为她很好,一点点不好有什么关系呢?"我肯定诗诗是一个好天使,也不否定坏精灵的存在,让好与坏共同整合成更强大的自我。

"把你左手和右手的小拇指伸出来,左右两手拉钩。小指头在下面打钩钩,上面右手的大拇指代表小天使,左手的大拇指代表坏精灵,把你的右手大拇指放在左手大拇指上面,摸摸她,对她说……"

诗诗很专注地照做,一句一句重复我的话:"你有时候不乖""可是我还是很爱你""我会帮助你""我们一起学习、一起变强!"

说完后,她温柔地问我:"我们可以玩了吗?"

"你想玩'客人老板'的游戏,还是别的?"

诗诗认真地想了一下:"这次玩'客人老板'游戏,下次再玩别的,可以吗?"

"好啊!你考虑了我想玩什么,这叫'你好我也好'!"

在下一次咨询时,她果然记得她的承诺:"今天我们不玩'客人老板'游戏，你想玩什么？"因为接纳了诗诗的不好，让原先分裂的小天使和坏精灵逐渐进入整合的状态，诗诗就变得更有力量面对挫折，在完美中容忍不完美的存在！并引导她适应"你好我也好"的相处模式，她在跟妈妈的互动中逐渐减少了被情绪控制的状态。

···· 心理师的暖心话 ····

孩子犯错时父母的正确心态很重要

当我们还是小孩时，因好表现获得掌声，眼神散发着无法言喻的开心。所以，我们内心中总想追求成功，避免失败。因为一旦失败就得不到爸妈的关注了。怪异的是，我们从小也被灌输"失败是成功之母"的口号，这样的"座右铭"和我们的亲身经验是不一致的。试想：当孩子忐忑不安地拿着"满江红"的成绩单给父母看时，父母刹那间转为错愕、生气的表情："你怎么考出这种分数的？你到底有没有用心读书？"父母几乎被焦虑、挫败、生气的情绪淹没了，而孩子此时此刻的心情又是怎样的？内疚、羞愧、生气、无望。

我经常听见咨询的孩子说："大人满口说不在意分数，那是骗人的！我要是考不好，会被唠叨得满头包。"从大人的眼光中，孩子看到的是"我对你不满意""你还有很多做不好的地方"等等。如此一来，亲子关系间的裂缝逐渐加大。

父母或许很害怕面对"失败"，或者缺乏好的面对"失败"

的经验，因此，父母不知如何回应孩子的"失败"，以至于不是焦虑、生气，就是逃避，轻描淡写地当成没事发生一般。

然而，"失败"绝对是有意义的，因为它提供"学"与"教"的机会。当孩子不再因为害怕"失败"而产生防卫心理，愿意在父母的协助下从错误中"学"，这是很重要的价值。此时，父母扮演"教"的重要角色：引发孩子的学习动机、扮演孩子的啦啦队、激发孩子不放弃的心，最重要的是为孩子的学习承担一切的"风险"："孩子，你全心全意去学，爸妈全心全意地教！过程中若有任何闪失或代价，爸妈会承担责任！"这样的态度传递出一种深层的信任感，对培养孩子不畏艰难、勇往直前的心是极重要的。

心理学小贴士

"罗森塔尔效应"（也叫"皮格马利翁效应"或"期望效应"）告诉父母：真诚的赞美、信任和期待具有积极的能量，当孩子感受到父母的支持时，他便增强了自我价值感，变得自尊、自信、自强，获得一股积极向上的动力，不断朝着目标和期望努力，从而取得进步。

亲子的暖心练习

以下提供的方法有助于在家中推行"愈挫愈勇"新价值运动：

◎请父母多跟孩子分享自己失败的故事或经验

我们陪伴孩子读过很多伟人的成功故事，希望孩子从中获得不怕失败的启发；倘若父母能讲述自己如何看待挫败、如何从挫败中学习经验的故事，会比古代或当代的伟人更有影响力。

◎举办"过程中"的庆祝会

成功时庆祝欢呼是常有的事，然而过程中的小步成功常被忽略，这其实在暗示孩子结果比过程重要。所以，当孩子愿意尝试并认真努力，但还未有成果时，父母可以在过程中给予他鼓励，如举办四分之一、二分之一成功庆祝会，庆祝会传递的信息是：有好的过程则会有好的结果。

◎颁发"愈挫愈勇奖"

成功有奖是天经地义的事，"愈挫愈勇奖"的意义则是鼓励孩子冒险、尝试、挑战、不怕失败、永不放弃。所以，去尝试了，结果失败，虽然得不到外在的奖励，但是在家中永远为你设立一个"愈挫愈勇奖"！在我带领的儿童人际团体中会进行一个

"犯错练习"的游戏，活动的任务是想办法犯错，例如计算错误、回答错误等等。当有人回复错误的答案时，我立即大声肯定地说："恭喜你，你答'错'了！"然后发给他一张"犯错学习卡"。累积到一定数量时，我们就可以开庆祝会。几回合后，我问成员："你们觉得被打叉的感觉如何？"一位追求完美、不接纳自己犯错的小学四年级男孩说："太开心了！对的答案只有一个，错的答案可以有好多个！"这真是充满哲理的话呀！如果人一生都在寻找标准答案，岂不错失了充满创意及能量的人生？

? 如何帮助孩子走出失去亲人的悲伤

! 解开"未竟之事"造成的情感纠结，才能好好道别

当至亲逝世，永远离开孩子身边，或许当时孩子并不会有太大的情绪反应，但时间一久，很多复杂的感觉涌现，会影响孩子的生活，这时父母该如何帮助孩子度过悲伤的情绪难关呢？

阿芝刚升上初三不久，妈妈就因肺癌离开人世，爸爸在单独抚养她的过程中遇到了一些问题。

"这个孩子很可怜，妈妈走了之后，她就变成另一个人了，我不知怎么办是好。"爸爸很忧伤地告诉我。爸爸继续说："她从乖巧听话变得生活散漫、脾气暴躁、上课睡觉、回家不看书、晚睡晚起、迟到，说话很冲，她也不愿意跟我说她在想什么，我要怎么帮她……"

爸爸的脸上流露出无助的神情。我说："阿芝爸爸，阿芝的转变听起来很大，她内心可能有很多困扰。你可以尝试

让阿芝来见我吗？她若能来，我就有机会跟她聊聊。"

阿芝爸爸回去后，费尽心思地想该怎么说服阿芝来见我。最后，他对阿芝说："你阿姨介绍了一位心理师给我，你表姐曾经因为一些压力问题去找过这位心理师，解决了很多心理烦恼。你想不想也跟她谈谈呢？爸爸觉得你心里也有压力，只是不知道该怎么说出来而已。"爸爸的态度平静、诚恳。也许是表姐的好经验加上爸爸表达关怀的方式打动了阿芝的心，阿芝来见我了。

先厘清孩子与逝去者的情感联结

我亲切地向阿芝打招呼，向她做自我介绍，阿芝没有说话，但以微笑礼貌回应。她似乎在好奇地探测我要对她说什么，又或犹豫着她要说些什么。

"阿芝，有点紧张，不知该说什么，是吗？"我说出了阿芝的内在情绪。阿芝立即点头。我说："我能理解。第一次要跟陌生人讲话，一定不怎么自在的。"

阿芝尽力安定自己的心："我——妈妈在半年多前生病过世，她走了之后，我很难过，心情很复杂，感觉自己变了很多，我也说不上来……"

"谢谢你告诉我这些。我可以用提问的方式来协助我了解你，帮助你整理思绪吗？"

阿芝点点头示意她愿意。

"阿芝，你过去跟妈妈关系如何？"这是我的第一个问题，因为关系的深度对阿芝的心理状态有一定的影响。

"很好吧，但也很不好。'很好'是：妈妈无微不至地照顾我，所有的事情都瞒不过她。她常常陪我写作业、逛夜市，一直在我身边。"阿芝边说边回忆，眼眶泛红。

"所以妈妈离开后，你会极度地想念她，是吗？"

"妈妈的遗体火化后，我无时无刻不想着她，做任何事都在想，看到妈妈这年龄的女人，就会想到妈妈。过去的一点一滴一直在我大脑盘旋，她陪我练钢琴、和我一起去河滨骑单车……"阿芝边说边落泪。记忆占据了她的大脑，未随妈妈的离世而淡化，阿芝经常触景伤情，沉重的、悲伤的情绪一直埋藏在她心底。

阿芝在这次的咨询中传递了对妈妈的思念以及悲伤的情绪，这是一次很重要的旅程。我跟阿芝约定——我会陪她一起去经历她的失落以及内心复杂的情绪。

协助孩子打开心结，接纳复杂的情绪

往后的咨询，阿芝不仅回忆了美好时光，也掺杂着复杂的心情，她说："很多记忆是美好温馨的，吸引我不断地回想，无法自拔；但也有些回忆是不好的。"说到"不好"，阿芝停顿了。

"不好的回忆？"爸爸曾经透露阿芝妈妈对孩子的照顾是无微不至的，可是有很高的期望，所采取的是严格的管教方式。

"我妈是权威型的妈妈，她为我安排所有的事，给我很多限制。她不相信爱的教育，所以我常被打、被处罚。她的体罚是不给面子的，曾经在外人面前打我耳光，还曾把我赶出家门。"阿芝眉头深锁地叙述这些事。

"对妈妈的权威方式,你是不是感到难过、害怕、生气?"

"是啊!但妈妈现在不在了,我想对抗和反叛,好像也没机会了!"曾经与妈妈如影随形的阿芝,如今难以抚平难过的心情,同时还有一股找不到出口的失望与愤怒……随着妈妈的离去,阿芝掉入了另一个"失控的境界"中。

"阿芝,你对妈妈的回忆很复杂,她的无微不至让你安心成长,但是她权威的方式使你难过又失望。"我协助她整理复杂的情绪。

"对呀,好纠结!"烦躁的心情写在阿芝的脸上,接着她大叹了一口气,头低低地说:"我成绩一直退步,作息很不正常,其实我很着急、内疚,但我爸管不住我,他说我有手机瘾,我想是吧,他愈管我,我就愈有一股无名火。其他人刚开始同情我,但现在指责我,说我对不起妈妈。"阿芝哽咽起来。

因为内心纠结,阿芝一方面陷于悲伤的情绪中,一方面不知不觉地陷入过去被妈妈严禁的网络世界,这是解放、对抗还是借此暂时忘却一切烦恼的方法?一段日子以来,悲伤、失落、焦虑、内疚不断在阿芝内心中循环、打结,她独自承受着……

好好道别后,才能更无碍地生活

通过几次咨询,除了让阿芝宣泄悲伤的心情,我也渐渐厘清了阿芝内心的纠结,陪伴她走过悲伤失落的历程,梳理了她心中的未竟之事。当我请她面对已逝的妈妈,说出她内心想说但来不及说的话时,阿芝低沉地说:"妈,我知道你很爱我,凡事为我着想,我也很爱你,但你很严格,要求比较高,因此我也很怕你,有时候不想顺从你，你若可以理解我的感受，我会觉得很好。"她说完了，心情平静。

咨询的下一个目标是协助她练习自主的能力。过往阿芝的"油门"和"刹车"都由妈妈主控着，妈妈说什么阿芝就照做，所以她未有机会熟悉和练习如何自主操控"油门"和"刹车"，这也是阿芝陷入生活作息失控状况的原因之一。

"爸爸说我现在'破罐破摔'过日子，我其实不希望这样，但是不知道怎么做。"阿芝在咨询中这么说。

"妈妈之前费了很多心力照顾你、栽培你，但可能忘了一件重要的事……"我停顿，看着阿芝，等她接话："是——如何管理自己吗？但……我再过三个月就要会考了，还来得及吗？"

"你是一个可造之才呀，所以妈妈花了多年的心血栽培你，相信你是有能力的。我们可以一起来拟订目标，一步步来，有志者事竟成。"

阿芝点点头，露出开心的微笑："妈妈经常跟我说：'任何恶劣的情况，都不要放弃！'"

不论过去、现在还是未来，妈妈在她的心中都占有一定的分量，把原来的负面经验转化为前进的动力，阿芝就不用在纠结的心境中绕圈了。

···· 心理师的暖心话 ····

帮助孩子正视与逝者之间的情感纠结

当失去家人时，我们可能会陷入懊悔或自责的心情："早知道我该多陪陪他""他还来不及看我结婚，就不在了"等等；又或许陷入无法言说的失望、难过或愤怒："他生前不爱我，我从来没感受到他对我的重视，他就走了""他对家人的伤害没有一声'抱歉'，他就走了"。

这在心理学上被称为"未竟之事"。简单而言，是指由逝者与生者的关系所引发的情绪纠结没有被梳理，随着他的逝去，这些情绪不会就此结束，仍会不断地出现、回荡，以各种形式影响着我们的生活，使我们活得虚幻，难以在现实中保持理性。

因此，在辅导的过程中，除了使生者接纳失落的事实——死亡已经发生外，还要协助生者完成与逝者之间的未竟之事，并向逝者告别。就像故事中的阿芝，不仅对妈妈无微不至的照顾表示感谢，也接纳了妈妈生前的权威管教方式。唯有正视与逝者之间的情感纠结，接纳它，并真正与逝者道别，说出内心的感受，如此，才能逐渐寻获新生的力量，重新投入生活中。

亲子的暖心练习

当孩子面临家人从生病到离世的过程时，内心的悲伤、焦虑不安、恐惧、愤怒等等的负面情绪不一定能以言语表达出来，常常会以不直接显露的行为方式表现：

◎ **害怕和不安的情绪**

有些孩子面对家人因为生病而发生的外观改变时，除了担忧疾病带来死亡外，心中也会产生害怕，因此可能会不敢到医院探望。面对孩子的抗拒，必须以同理心去厘清原因及协助孩子调节不安的情绪；反之，指责的语言会令孩子更无法调节好害怕和不安的情绪。

◎ **闷闷不乐，讲出责怪自己的话**

年纪较小的孩子因较不具备厘清问题的能力，所以会产生错误的自我归因。有些年龄较小的孩子会误以为家人生病过世和他们有关，内心产生严重的自责及罪恶感，如：家人的死亡是因为自己不乖，或记得家人曾说的"你气死我了"，或认为这是自己曾经乱诅咒所造成的结果。因此，可以引导孩子说出自己对家人生病的想法，协助他修正错误的归因。

◎ **反常的行为或情绪反应**

例如课业态度散漫、叛逆行为、顶撞等，会发生此情况的原因很多，例如：害怕表达出悲伤的感觉而想掩饰它；担忧逝者走了之后家里的经济状况、和逝者之间的未竟之事等等；内心的压力之大导致失控的状态。因此，切勿以"对不起逝者"来责怪在此状态下的孩子，反而要正视这个求救讯号，他们可能极需要专业心理人员来协助他们走出悲伤失落的情绪。

❓ 当亲子关系剑拔弩张，孩子在愤怒什么

> ❗ 厘清孩子愤怒下被忽略的需求，改变情绪表达方式，增强亲密感

当孩子大声说话甚至摔东西时，他可能有话想说却不知如何表达。身为大人的你，应该先缓和孩子的愤怒情绪，再放慢脚步，试着引导孩子将愤怒背后的问题一一呈现，并协助他解决这些问题。

娜娜，一个高二女孩，她最大的困扰跟和妈妈的相处有关。母女俩争吵已久，常为小事争吵、相互抱怨责怪，彼此的紧张关系让娜娜一回家就有种紧张不安的感受，情绪失控的状况也日显严重。娜娜抱怨妈妈经常管她、否定她。例如有一次，娜娜的美术作品被学校选上，学校推荐她当代表参加全国比赛，妈妈未有任何肯定的话，反而告诉她当艺术家将来会饿死；娜娜在母亲节费心做了一个蛋糕，妈妈嫌太浪费时间，认为应该把时间拿来好好读书。娜娜应对的方式不是沉默、生闷气，就是大发脾气，这样的方式成了她的痛苦

循环。

有一次，在和妈妈争吵时，娜娜一时无法控制，把手机摔在地上，荧幕顿时裂开，并伴随着娜娜对妈妈的嘶吼声："我已经跟你说过多少次，你为什么都听不懂？"难以止住的怒火又再次燃烧起来……

情绪失控后，娜娜来寻求咨询。再度提起那天的冲突时，娜娜露出极不悦的表情说："昨天，我气到把手机摔在地上。"说完即刻停顿下来，转换成闪烁的眼神，好像是在透露着"我好懊恼！""你会怎么看我这样的行为呢？"

娜娜担心我对她的行为有所评论，但我回应她的是："你的愤怒一定是有话要说，手机是你心爱的东西，一定是当时气炸、理智线断了，才会把它摔成这样！"

娜娜语调听起来很无助："我也不想生气、抓狂，但……就是没办法！"

引导孩子厘清愤怒背后的原因

愤怒常令人踩不住刹车档而让车子暴冲，然而愤怒亦是一种警告信息，值得我们注意倾听！于是我引导娜娜一步步放慢脚步，好好地来厘清愤怒底下的来龙去脉及隐藏的问题。

这一次的激烈争吵是为了娜娜暑假去打工。从找工作到面试都是娜娜自己独自进行的，而妈妈反对的理由是：娜娜打工的场所离家太远，在交通上花很多时间很不划算。

娜娜也反驳了妈妈的说法，她举出了这份工作令她满意的理由：环境单纯、同事关系良好、赚的钱可以补贴生活费。娜娜愈是巨细靡遗地说明，妈妈愈是坚持己见。最后两人剑拔弩张，娜娜责怪妈妈爱管事又过于主观。

娜娜与妈妈争吵的一个症结已昭然若揭：娜娜想改变妈妈，扭转妈妈的看法。想改变一个人往往是最不利己的行为，因为当试图要改变一个人时，事实上只会激起另一方那种令她深以为苦的固执。

我问娜娜这个问题："你有向妈妈说出你为什么暑假要去打工，你的立场和想法是什么吗？"

娜娜一脸疑惑地看着我："我跟她解释了这么多，不就是在跟她说我的立场和想法吗？"

我点点头，肯定她有向妈妈表达出她对事件的看法，然而娜娜对自己的立场是肯定的吗？"你不只说一次，而是强调了很多次。但是，你所选择的这份工作，以及你的时间安排等等，你会对谁负责呢？"我的口气在最后一句话特别加重强调。

娜娜很快地回答："当然是自己啊！"说完像似车子紧急刹车般，停顿思考了几秒钟，再对前面的说法作了修正："我好像……理智上知道要对自己负责，但心中并不十分肯定。"

找到症结后，帮助孩子整理自己的思绪

这一瞬间，娜娜发觉了内心原来在回避的一些事情。我问她："你内心并不肯定的是什么？"

娜娜很专注地说："我的确有'万一做不好怎么办？'这样的想法，因为当我做不好时，我妈肯定又会像从前一样指责我。"

我问娜娜："你会因为做不好就不去做吗？"

娜娜用肯定的口吻说："不，我还是会去做。也许我会做不好、会有失误，但我还是想试试看，有什么问题就再想办法解决。"

我从娜娜的眼神中看见一份渴望、一股动力，我问她："你为什么这么坚持，想要这么做呢？"

娜娜语气轻柔地说："我该学习独立了吧，也想证明自己是有能力的。但……我发现自己信心不是很足够，或许我一直在期待妈妈可以给我信心和支持！但……她不可能的！"

"你真正想要的是'独立'，但你感觉到妈妈并不支持你？"

娜娜边思索边说："当我看到我妈时，容易有一股无名火，除了她没有给我支持外，我好像感觉到她并不想让我长大独立。只要没听她的话，她就认为她失去一个女儿了！这一点或许跟她极度没有安全感有关吧！"

"你怎么看待妈妈的不安全感？这跟你莫名生气的原因或许有关。"

"我想要独立，希望她不要管东管西的，但同时我内心又萌生了——是罪恶感吗？觉得不听她的话，她会生气、会对我失望，这样的感觉很不好受。"

母女原来常为一个不是问题的问题而争吵，表面的问题掩盖了真正的症结：娜娜其实想要独立自主，但对自己尚未有十足的信心；除了信心不足之外，心中同时存有罪恶感。

我帮助娜娜整理她的思绪："你渴望独立，但因为妈妈有着对分离的不安全感，使你萌生了对争取独立的罪恶感，而这份罪恶感阻碍了你勇往直前、成长独立，你心中就感到很杂乱，有股莫名的愤怒，是不是这样呢?"

"对,就是这么纠结! 一见到她,我理智线就容易断掉!"

为了对娜娜的纠结抽丝剥茧,我回应她:"娜娜,你想要独立是件值得肯定的事;独立代表我们找到真正的自我,找到自己想要的。但独立的同时,你觉得要遗弃你妈妈,跟妈妈疏远吗? 难道不可以既独立,也爱妈妈吗? 毕竟你永远是妈妈的小孩。"

娜娜很同意地点头:"我同意这样的想法,我想独立又不想被罪恶感给绑架。但当面对我妈的时候,我很难像现在这样理性地讲话! 要好好吐出一句话,真的难如登天! 一般的'吃饱了没''我想去睡了'或许还可以,说到要沟通,好难哦!"

让孩子试着改变自己的情绪表达方式

当娜娜细细思索自己的处境时,她的思绪愈来愈清晰,也减少了抱怨。她不仅深刻体会到选择用发怒或生闷气的方式处理她所困扰的问题,结果永远与她想要的"独立"分道扬镳。她也渐渐想要改变自己的情绪表达方式以及与妈妈之间的互动方式,即便内心仍然信心不足。过了一段时日,娜娜来见我时,心情显得沮丧,她说了一件最近发生的事:

在一个补完习后已经感到累瘫的晚上,娜娜回到家中进入自己的房间,妈妈随后也进入,劈头就问娜娜:"你是不是有喜欢的男生? 我告诉你,你再过一年就要考大学了,你一定不可以在这时候谈恋爱!"一股怒气顿时冲破了娜娜疲累的身躯,原因是一方面妈妈用指责口气来质问她,另一方面是娜娜心中有数——妈妈一定偷看了她的日记。一时之间她很想向妈妈怒吼,但是她心中的另一个声音告诉她:争吵、生气、不吭一声地冷战是旧模式,一点效用也没有,更无法告诉妈妈自己需要自主、需要被尊重。瞬间,娜娜冷静了下来。

她看着妈妈,口气平静地说:"妈,我们到客厅去谈谈,我有重要的事情跟你说。"事实上,娜娜的心跳加快,她感觉生气、吵架比现在选择的方式简单多了,但她仍选择向妈妈表达她的感受,妈妈也显然很紧张——这不像平常女儿的方式啊!

娜娜和妈妈相对而坐,妈妈先开口,愤怒的口气企图掩饰内心的不安:"娜娜,你如果真的交了男朋友,我一定反对到底!"

娜娜语气平静而肯定,她看着妈妈说:"妈,我很谢谢你对我的关心,你关心我的学业,也关心我的安全,但是这件事我觉得我得告诉你……"娜娜停顿了一会,她觉得胸口有一股莫名的压迫感,但她努力地保持镇静。"妈,你知道我很努力地对待我的课业,我对自己的未来是有所期待的。对于交男朋友,我没有现在就要交,虽然我有注意到身边有些男生还不错。未来会怎么样,我现在不知道,但我会自己衡量很多事,因为我要学习对自己负责。"娜娜听到自己坚定、成熟的语气,也吓了一跳,她继续说:"妈,你不可以擅自偷看我的日记,日记是很私密的东西,你要尊重我。"

娜娜说完后有股轻松且稳健的感觉,但又觉得仿佛刺了妈妈一刀。妈妈似乎没把娜娜的话听进去,仍以惯有的愤怒说:"你现在还有时间注意男生?你该把时间和注意力放在课业上才是,等你上了大学,尤其是好的大学,一大堆男生让你挑,还怕交不到男朋友吗?"

娜娜很想重申立场,但她打消了念头,轻声地说:"妈,我觉得你没有听我说……"

话没说完,妈妈站起来,大声地丢下一句话:"你想怎样就怎样,我管不了你!"回到房间,重重地把门关上。

这时,娜娜的心像被划下一刀,并开始质疑自己:"我是不是说错了什么?"

寻找亲子关系的放松时刻,增进亲密感

听完娜娜的描述,我问娜娜:"你终于有勇气表达你的意见和立场了,这是很大的进步!但你是不是担心伤害了你妈妈,或担心你妈误会你要疏远她?"娜娜点头同意。

我解释:"当我们在一个紧密又纠缠的家庭关系中,开始分化出个人的自我时,反制行动是必然的过程,因另一方会发现这样的改变是一种对关系的威胁,就会铆足劲要保持原有的方式,所以可能会有更多的反击或指控。但非常确定的是:下一步棋仍然操在你手中哦!"

"你的意思是,我要坚持我的信念,不受妈妈反应的影响吗?"

"没错,但在此同时,仍可以维系你们之间的关系,也就是她是你妈妈、你是她女儿的关系!你觉得可以如何继续维系关系呢?"

"我想想……我妈喜欢看韩剧,我陪她看韩剧时,她很开心,我也觉得这段时间很放松……"

娜娜的确选择了改变与妈妈的关系,也同时改变了她过去愤怒的情绪反应。她坚持地表明要独立自主,愈来愈稳健成熟、坦诚地表达想法、感受,在过程中没有离妈妈远去,而是尝试用各样的方式来增进彼此的亲密感!

···· 心理师的暖心话 ····

对愤怒所隐含的信息做出适当的回应

经由对愤怒隐含的信息的抽丝剥茧,娜娜明白了几件事:第一,她想要独立的权益或需求受到侵犯了;第二,自己并不满意过去与妈妈的相处模式;第三,她想要改变与妈妈的相处模式。当娜娜坚信这样的立场与想法时,她比过去更有自信,这也成了她面对关系改变的重要资源!

其实不少人也像娜娜那样经历过怒火中烧的感觉!尤其发生在难以切割的家庭关系中;彼此的关系是既亲密又冲突、既不可分又常常对抗、既想改善互动又常常陷入挫折失望、既想表达在乎又常常失望想放弃。一旦愤怒渗透在关系中时,便有如毒害蔓延,使关系发展不仅受到阻碍,也会使个人深陷在痛苦中。

因此,能平静地理解愤怒的缘由,学会对愤怒所隐含的信息做出适当的回应,才能从愤怒中重获自由,这样的学习,无论对父母还是孩子而言都是重要的。

厘清四个"迷思",重塑家人亲密关系

以下提供关于愤怒的一些破坏性迷思,当我们能清楚理解这样的破坏性后,我们便能够促使自己不选择让这破坏性的情绪影响家人间的亲密关系:

迷思一：我的愤怒会逼对方做改变——这是一定不可能的！有不少的研究均显示，对孩子使用体罚是无效的，体罚会造成害怕的孩子为了规避惩罚而产生说谎倾向。愤怒也会令对方吓得暂时配合你，但并不打从心底认同你！

迷思二：我这样对他是他活该——无论嘶吼、咆哮、鄙视，都是某种惩罚和霸凌的形式，并没有人"活该"被这样对待。

迷思三：发泄一下会让我好过一些——事实上，发泄愤怒不会让任何一方感觉好一些，只会不断重复发生，让双方都感觉很糟糕。长期的愤怒也可能影响愤怒者本身的自我观感，甚至开始不喜欢这样爱生气的自己。

迷思四：我没办法，是他逼我的——要认清楚——这是一种"否认"和"迁怒"的心理防卫机制，想防卫的是对愤怒行为本身以及内心无力无助的焦虑。事实上我们都知道：个人对自己的行为绝对有选择权，而且必须对自己的行为负责。

愤怒的确常令人踩不住刹车档而让车子暴冲，然而愤怒本身是一种警告信息，值得我们注意倾听！当你感受到自己或孩子的愤怒时，请放慢脚步，好好来厘清愤怒底下的来龙去脉及隐藏的那些被忽略的需求吧！

亲子的暖心练习

愤怒的情绪，伤害亲子关系至深，长期的愤怒更会影响自我观感。

◎愤怒的当下，请放慢脚步

愤怒也是一种信息，更是关系之间的一种示警，当自己或孩子都处在愤怒情绪中时，请放慢脚步。任何话想一想再说出口，任何行为先思考一下再行动。无论如何都会比冲动行事来得好，也有助于亲子关系的修复。

◎认清发泄并不是个好方法

"发泄一下愤怒是好事"，这其实是错误的观念，因为光是发泄情绪，而没有解决问题的话，长久下来只会让亲子关系更糟糕，也无助于个人的心理健康。

◎愤怒不会让孩子改变

愤怒只是让孩子因为畏惧暂时配合你，并不会改变孩子什么，长久来看，对于孩子的行为或人格养成并没有好处。要平静面对愤怒不容易，但绝对值得练习。

❓ 如何帮孩子远离负面想法的困扰

❗ 引导孩子察觉、书写和讨论，
——破解非理性想法

很多人遇到有负面情绪和负面想法的孩子，往往会用一句"想开一点儿"或"你想太多了"而带过，却不知这是致命伤。面对这样的孩子，开导与陪伴是最重要的功课，请用"小事情，有方法，不要怕！"的口诀帮助他渐渐摆脱非理性想法。

小可在初三得了抑郁症。她对人多、声音嘈杂的地方感到极度恐慌；无法放松自在地与同学互动，也很担心大家对她的评价；内心常被焦虑想法袭击。小可看了医生后，听从医嘱用药。然而小可是个律己的孩子，即便校园环境会带给她极大压力，为了完成学业并考上心目中理想的学校，她仍强迫自己上学，且一切作息都要维持如常的模式。小可常与内心的压力及不安、忧虑交战，在挣扎中度过每一日……

为了摆脱抑郁带给她的困扰，小可除了用药外，也主动提出接受心理咨询的需求。

我们进行了一段时间的咨询。有一次,小可很沮丧地说:"我今天没去上学,因为昨天状况很不好,我想今天在家先沉淀一天。"

我问她:"昨天发生了什么事呢?"

"模拟考刚考完,我料想不到我会考出这种很烂的成绩。自从我抑郁以来,专注力很差,成绩一直下滑,我很怀疑我这样还有救吗?昨天看到成绩,几乎印证了我所想的——我没有希望了!"小可对自己的成绩表现得非常失望。

考不好的结果放在小可内心已久,令她担心、失望又沮丧的事像泄洪般倾倒出来:"我每时每刻都很难受,只能靠专注于课业来转移这些令我难受的事。我尽量上课时保持专心,不然脑子会东想西想。下课时也不做别的,就是看书,把心里要爆发出来的感受压制住。回到家舒服一些,可是到了晚上,就会想到明天又要上学,这些压力又会使我睡不好,频频做噩梦。早上醒来,身体好累,没办法,我还是得上学去,进入校门时我的紧张又来了……"

"这种难受压在身上,让你受了很多的苦。你也在很努力地对抗它,但有时候对抗不了,会很沮丧。"我听见小可对自己是如此的失望,因而想尝试让小可摆脱沮丧的心情。

"我也不知该怎么对抗,唯一想到的就是把所有心力放在课业和考试上,但……好累哦!"小可大叹了一口气。

帮助孩子找出负面情绪的根源

"那么,我们一同来看看如何更有效地对抗它。我可以先帮你看看,平常你东想西想的想法有哪些呢?"

"很多！在班上时出现次数最多，我会想同学们是不是很讨厌我，我也会很担心我若跟他们说话，我会不会说错话，他们会不会听不懂我说的话，觉得我很怪。"

"你可以就你以上说的举一个例子吗？"使用具体的例子可以让我更理解困扰小可的是什么。

小可想了一想说："嗯，例如：我想问他们一些事，我怕他们会说：'她是不是有公主病，连这个都不会。'同学并不见得会这样说，但我……就会如此想，不过——我也不确定他们会不会这样想。"

"'她是不是有公主病，连这个都不会。'这听起来是……预测同学会有负面的声音，同时也批判自己的不好。"从小可的想法中，我归纳了两种负面的想法。

"我经常有这样的想法：责怪自己，老是嫌自己做得不够好、会失败……"小可开始察觉自己有自我贬抑的想法。

谈到这里，我向小可解释了什么是心理学上的"非理性的想法"，目的是帮助小可理解：我们所受的痛苦未必与现实想法符合，但这想法却会自动化地影响我们。此外，此类的想法有几种特性：一、它会绝对化，诸如：应该、必须、绝对，像是：我应该得到每一个人的喜爱；二、概括化，比如一个人不好，他们全家人都差劲；三、灾难化——很可怕、会完蛋，比如：我回答不出这个问题，我一辈子都落后于人。这些想法来自我们成长过程中所经历及学习到的，并在潜移默化中形塑了我们的思考模式。以小可举例来说，她的自我贬抑自我挫败来自非理性想法中的绝对化——"我应该很完美，不能有错，否则别人会讨厌我"。在这样的非理性想法催化下，她将许多事情的结果想成了严重的、负向的、毫无希望的，接着痛苦或无望的情绪闸门就被打开了。

引导式沟通，一一解破非理性想法

小可很认真地听，想到一些问题问我："所以，你是说我的这些负面情绪是被非理性的想法影响的。可是……我怎么知道别人是不是真的会这样评价我呢？"

"你这个问题很好！可以用来驳斥非理性的想法，来吧！Give me five（击掌）一下。"

小可伸出右手跟我击掌，虽然有些不好意思，但也受到了鼓舞。

我："所以，我要反过来问你这个问题：'他人的评价对我有多大影响？倘若别人否定我，我就要全盘否定自己吗？'"

小可："嗯，当然不是。因为……别人并不了解我，他只看到了一小部分的我。"

我："接受！再来Give me five一次！"小可这次比上次更自然地伸出手来，脸上也多了笑容。

我："允许我再问一个问题：'如果我失败，或做错了某些事，我就成了一个没有价值的人吗？'"

小可："嗯，我原来是同意这想法的，我不知道该怎么反驳，我想想……即便做错了，我还是有价值的，不好之处，我可以改正过来。"

我："我们再Give me five一次吧！这不会有标准答案，但这说法肯定能带你离痛苦的黑洞远一些。"小可这次很用力地做出了动作。

建议孩子把负面想法记录下来

"当然,我们要远离非理性想法,这也不是一天两天的事,但我们可以随时检视一下自己脑海中有没有出现那些'已经习以为常,其实没有道理'的非理性想法,尤其是当它引发了我们的负面情绪时,更需要停下来检视一下。"

"老师,如果我还是控制不住负面的想法时,我该怎么办?"

"把它记录下来,用写的或录音的形式都可以,同时对自己说:'不要怕,小事情,有方法!'"

小可在口中碎碎念:"不要怕,小事情,有方法!不要怕,小事情,有方法!"停顿了一会,她好像想起了什么事,"我之前都不是这样想的,我想的是:很糟糕、完了、没救了,接着就……陷入焦虑、沮丧!"结束咨询以前,我给了小可一个家庭作业:"小可,你回去思考'我专注力不好,所以考不好,我没希望了'这其中的非理性想法是什么,你又能如何回应它呢?"

"好!要来!"小可把手伸出来,预备做Give me five的动作。

···· **心理师的暖心话** ····

引导孩子察觉、书写并讨论三种常见的负面感受

我们在成长过程中很难完全不受非理性想法的影响,然而当这类想法占据我们生活的大部分时,我们看待自己、看待别人、看待事情、看待世界的态度都被负面的感受和想法扭曲了，我们因此会深受情绪的困扰。

美国一位脑神经心理学家，也是精神科医师，叫丹尼尔·亚曼（Daniel G.Amen），他曾提出人在焦虑、抑郁状态时，有如大脑被"蚂蚁"入侵，"蚂蚁"英文为"ANTs"，展开此缩写就变成"Automatic Negative Thoughts"，中文意思为"自动生成的消极思维"。

以下介绍几种最常见的"蚂蚁"特性：

第一只要介绍的"蚂蚁"——"老顽固"蚂蚁！

绝对化是它的特性："我应该表现完美""我绝对不可以犯下任何错误""他应该对我好才是公平的"，这样的"绝对化"不只硬邦邦的、缺乏弹性，它之所以不合理，原因很简单：人就是人，人不是机器，人是有可能做出"不应该""不可以"的事的，即便自己不是故意要这么做。其次，追求完美并非不好，然而，真正会成为问题的是——我们缺乏弹性的思考模式，在这样的思考下，我们失去了体验其他可能性的机会。

第二只是会以偏概全的"蚂蚁"——"恐怖分子"蚂蚁！

这"蚂蚁"最容易辨识的特性就是会让我们误以为：坏事将不断或扩大地发生，当我们被它占据时，我们会给予自己或他人"一次定生死"的评价。例如：当考试不理想，之后就永远认为自己是"垃圾""一无是处"，或者当评价其他人或事物时也会如此，例如：还是不要坐飞机好，否则会发生坠机啊！这样的影响是：它会阻挠我们去尝试、去面对问题，在还没来得及探究问题前，先早早举白旗投降了！

第三只是毒性超强的"蚂蚁怪"，它之所以毒性强，是因为它会毁掉你和他人的关系——"轰炸机"蚂蚁！

这"蚂蚁怪"总是"千错万错，都是别人的错！"当我们被它占据时，便会常以责怪或指控的方式对他人做出负面的评论或抱怨。如此反应的背后其实隐藏着我们和他人之间的一堵高墙，这堵高墙使我们倾向于将一切外在的信息解读为别人在恶意侵袭，以致我们会先发制人，其实真正的问题是我们无力改变自己的状况，所以很少自我反思，更不用说承担自己错误的部分。筑墙最终带来的影响是：改变的能量和行动力愈来愈少，自我封闭的墙却会愈来愈高，这是与他人的关系、自我成长与学习上最大的损失！

若把以上三种"蚂蚁"比喻成怪兽的话，它们常常在不知不觉中占领我们的内心，所经常使用的手段不外是威胁、恐吓、欺骗、诱惑。

善用记录和口诀破解负面思想

所以，为预防"蚂蚁"在脑内筑成巢，以至于严重影响到我们的情绪，我们必须谨慎地侦测出"蚂蚁"的踪迹。找人讨论是一种方式，或者可以把引起烦躁、不安、忧虑、伤心的事书写下来，然后再慢慢地注意观察浮现在脑中的"蚂蚁"，并把这些"蚂蚁"的声音写下来，如：伤心的事——我没有考好；"蚂蚁"的声音——以后一定没出息。通常只要我们能把这些"蚂蚁怪"指认出来，就可以减弱它对我们的威力。

最后，我们最需要携带的一项重要装备是——壮大内心的"食蚁兽"，它将能反驳这些负面的想法。例如："小事情，有方法，不要怕！"就是一个强大的"食蚁兽"哦！

亲子的暖心练习

面对总是有负面想法的孩子,爸爸妈妈可以邀请孩子一起敞开心胸,把心中的想法说出来,别忘了给孩子适当的鼓励。

◎**不要再说"你想太多了""没这么严重吧"这类消极的话语**

许多孩子的困扰在历经过人生大小关卡的大人眼中实在微不足道,但这往往就是大人的盲点,用自己现在的年纪与人生经验来判断孩子的状况,接着就会出现"这真的没什么""想开一点就好了"这种没有实质帮助的安慰话语,所以第一步,就是要牢牢记住:不要用这些类似的话语来回应孩子。

◎**鼓励孩子表达心里的负面想法**

鼓励孩子将心中的负面情绪表达出来,看孩子喜欢书写还是喜欢画画,让孩子把心中的想法记录下来,并且请孩子与大人分享。爸爸妈妈也请放下成见,和孩子聊聊这些想法的缘由,即便在你眼里这些原因真的很微小,但是孩子拥有自己的性格与特质,爸爸妈妈必须尊重并且把它当作一回事!

◎**给予孩子无限的鼓励与具体的支持**

了解了孩子的想法后,可以用支持性强的鼓励话语帮助孩子。有时候简单的一句"不要怕"就能让孩子拥有无比的勇气了!爸爸妈妈更可以和孩子一起想方法,这会让孩子在充分的支持下驱散心里的阴霾。

CHAPTER 02

原生家庭该怎么陪伴

老是觉得孩子不听话、爱顶嘴、脾气暴躁,
家里冲突不断,甚至影响夫妻间的感情。
事实上,孩子的问题是家庭的映射,
孩子的品行折射出父母的教育和陪伴。

❓ 大吼大叫才能体现父母的影响力吗

❗ 爱与管相结合，专心陪伴建立"你好我也好"的合作关系

在家里跟孩子沟通都用吼的方式吗？其实不是孩子欠缺管教，有可能是父母在陪伴孩子时太过"敷衍"，导致孩子没有安全感，自然不会接受父母的管教指令。

根据父母的形容，七岁的小纾与爸妈相处时像爱耍赖的喷火龙，在外却是乖巧的小绵羊。

这样的场面几乎每天都在小纾家上演着：小纾的玩具撒一地，她在玩具堆中玩得开心，妈妈在旁三催四请："小纾，很晚了，快点去洗澡睡觉了！"小纾看着玩具回答："好！"

过了很长时间，小纾仍然在玩具堆中。想起小纾第二天又要赖床，上学迟到，不吃早餐，妈妈的声调提高了："小纾！你再不去洗澡，我就把你的玩具全部丢掉！"她怒气冲

冲地看着小纾。

小纾心不甘情不愿地用力把玩具丢到玩具篮里，跺脚走进浴室，妈妈也跟进浴室："我帮你刷牙，你没有把牙齿刷干净，会长蛀牙。"当妈妈正帮小纾刷牙时，小纾大哭大叫说："我不要你帮我刷，我的牙齿被你刷痛了！你走开！"小纾用力一堆，妈妈也火大地说："你不好好刷牙，到时候去看牙医，你就给我乖乖去！"母女俩就在小小的浴室中上演推、拉、哭、叫的剧目。就在此时，小纾爸爸从书房出来，加入吼叫阵营："几点啦？吵什么吵！"母女俩被爸爸的吼声震住了，随即是小纾的啜泣声，妈妈也很泄气。

类似的剧目重复上演，早上、中午、晚上、家里、车上、餐厅里，都有可能。妈妈不断在积极纠正与消极以对的两端摆荡，直到妈妈和爸爸的婚姻亮起了红灯，爸爸放话说："我受不了天天吵了，再吵我就搬出去住。"

父母齐心，找出孩子纠结的原因

妈妈邀请爸爸一起来咨询，目的是知道如何改善小纾爱发脾气的习惯，也想了解如何恰当地教育小纾。

妈妈将困扰的问题描述完后，她说："我现在用消极的方式来对待她，我不管她了，她不听管教，我会批评她，先生也出来吼叫，大家都不愉快。但是，这样消极下去，我知道会出问题的。"

爸爸也加入谈话："我也觉得现在这方式不妥，妈妈最终会看不过去的，最后还是用回以前的方式，对小纾威胁、吼叫、情绪失控。"

"你们一起来面对问题是可喜的事！经过了解、沟通，再用一致的方式来教育小纾，她的问题就可以得到改善。"我肯定了他们来寻求协助的做法。

"是的，我也这么期待，我们可以一致去'对付'这小孩！"妈妈提到"对付"时，气氛轻松了些。

爸爸开口说话了："我更担心的是：她对我们教她的事一律拒绝，妈妈对她无计可施，而我工作很忙，平常很少陪她、也很少管她，如果我真的严肃起来，她是怕我的，但我不知能维持多久。随着她长大，谁可以管得了她？"

用陪伴建立亲子之间深刻的爱

"小纾现在欠缺的是一对对她有影响力的父母，她现在不听你们的，对吧？"父母都点头同意，我还有下一个问题："她都听自己的，但是她对自己却没有信心，尤其在外面的群体中，她会表现得退缩，是吗？"

父母都点头，妈妈说："是啊，老师说她在学校很安静，很少表达意见。这和她在家中的霸道表现真是大相径庭啊！这到底是怎么回事？"

我说："每个孩子都期望很有影响力的父母，这样的父母会带给她安全感。小纾其实不是排斥你们对她的影响力，而是还感受不到你们对她的影响，换句话说就是深刻的爱。举个例子：她在玩的时候，你们是不是在做自己的事？你们在骂她的时候，你们是不是在想糟糕的后果？例如：她没有听从你们的话，所以会迟到。"

"我们很少陪她玩！她自己玩得开心，我们就觉得没什么问题。"妈妈说。

爸爸也说了："她没有做好或者做错的事，我们会纠正她，告诉她原因，并不是一开始就对她发脾气，可是她不是很想听这些话，认为我们很唠叨。"

小孩自处时，大人不会干涉；小孩错了，大人就给孩子分析原因，这一切听起来好像没什么问题，但小纾需要的不只是这些教导，他们中间似乎少了一支"强力胶"，把该有的零件组合起来。

用温柔坚定的声音取代大声吼叫

我认为举例子的方式更容易理解，我问："假设小纾该早睡，但她不想，你们会怎么对她说？"小纾妈妈说出了平常劝她早睡的说辞，但都不被领情。

"我示范给你们看怎么说能打动她的心：'小纾，我们要培养你早睡的习惯，是因为我们爱你，早睡对身体有很多好处。而且照顾小孩是爸爸妈妈的责任，如果我们做不到，我们就是失责的父母，不配做你的爸爸妈妈！所以，我们认为你一定要早睡。'记得，你们说话时态度要坚定。"

妈妈说："我们从来没对她说这些有感情的话，偶尔她有好表现时，我们只说'你好棒！'"

小纾父母坦白了他们极少对孩子表达情感，也很少花时间全心全意地陪伴孩子，加上工作忙碌，教养孩子只期许不出什么乱子就好。"我们在这种模式生活很久了，现在务必有所改变了！"爸爸语重心长地说。

"你们可以抽出一些时间专心陪伴小纾吗？"我问。

"睡觉前我可以陪她聊天。我曾经这样做过，她很喜欢，会有所期待。爸爸是不是可以陪她吃饭？"妈妈说。

"可以呀！她放学后来我公司，我带她去吃饭，顺便和她聊聊天！"爸爸想到了这个和女儿约会的方式。

"这听起来很好！小纾肯定会期待！有了这样的联系，你们的关系会逐渐变好，在管教时，记得多包几层糖衣，让小纾的心在不知不觉中因你们的爱而融化。"

小纾爸妈渐渐明白了他们对小纾的了解及管教方式，努力地维持和小纾的固定约会时间，小纾妈妈说："小纾现在比以前温柔多了，唯独起床这件事，她还是赖床。不过，我已经知道该怎么办了，我会在前一天晚上陪她去买第二天的早餐，由她自己选择想吃什么，早上时我拿早餐当钓饵，她就会赶紧起床了！"

大声吼叫的声音慢慢地从这家中消失，取而代之的是温柔坚定的声音！

···· 心理师的暖心话 ····

用爱的"强力胶"把"关爱"与"管教"组合起来

小纾父母所处的困境，相信也发生在许多家庭里。原本想要凡事好好说，但是当父母不断受到孩子的挑战后，就会冒出"是不是太宠他了？""是不是该修理他一下？"等等的想法，同时心中对此做法有所顾忌，于是陷入教养的迷航中。然而，山重水复疑无路，柳暗花明又一村，当父母不放弃时，终究能找到教养的出路的。

故事中所提的"强力胶"，就是要父母把"关爱"与"管教"组合起来，成为有正面影响力的父母，这是在建立"你好我也好"的合作关系，根基在于"心"而非表面行为。当心与心连接起来，合作才能取代"左耳进，右耳出"或阳奉阴违的互动。

"懂孩子的心且抓住他的心"形成"你好"，"父母理解自己的心，对孩子真诚表露"形成"我也好"，这是一种动态的平衡，是一趟旅程，引领我们接触孩子的内心，也让做父母的我们更认识自己；对我们所爱的孩子传递出"你很重要"的信息，逐渐引领他认识自我，并使我们更靠近孩子的心。

心理学小贴士

很多父母在教养孩子的过程中，寄希望于以大吼大叫的方式来树立权威，结果却适得其反。其实，父母可以采用一种更加温柔坚定的方式，比如：对孩子的正确行为进行赞美或奖赏，孩子做出正确行为的频率就会增加，这在心理学上称为"正强化"。

亲子的暖心练习

父母如何跟孩子谈心呢？下列提供一些谈心的方法：

◎ 专心陪伴

孩子其实很容易看穿父母的回应是在应付他，而专心陪伴其实是在传递强烈的情感，与应付有天壤之别，专心陪伴会令孩子感到：即便在父母没有陪伴他的时候，他依然能感受到父母的支持！

这里的专心陪伴是指：请父母放下手边或脑中正在运转的事物，眼前的孩子才是你所关注的。用"好奇的心"和孩子互动，好奇他在做什么、想什么，好奇是不带有批判性的，而是一种开放的心态。拥有好奇，父母就不会执着于孩子一定要如何想、如何做，因为当父母执着时，就会停止观察，忽略孩子的本质，造成不用心的情况。

◎ 创造美好的氛围

当父母说"没时间跟孩子们一起聊天"，其实换个方式想，假如孩子是你的客户,你会怎么安排跟客户的谈话呢?所以,在日程表上注记亲子的约会时间,再创造一个轻松开放的谈话气氛,例如:一起吃冰淇淋、选择有聊天氛围的餐厅用餐、睡前说故事等等。

◎ **聊天时要有反馈感**

好的聊天是有来有往的;不光是父母说,孩子也有回应,父母才能从孩子的回应中获得反馈,如此聊起天来才会让两人愉悦又有满足感。在美好的谈话气氛中,父母不要急着抓到机会就说教,因为一旦如此,好的反馈就会断裂。

◎ **建立合作关系**

谈心的过程中,若谈论到与解决问题有关的,可多用"我们"来表示父母是孩子的同盟军,例如:"我们一起想、我们一起来做、我们不放弃"等等。而不是"你应该、你必须、你最好……",如此就会逼迫孩子成为反抗军了。

家有二孩，孩子感到不公平怎么办

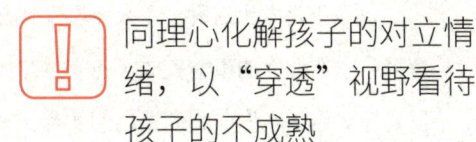

> 同理心化解孩子的对立情绪，以"穿透"视野看待孩子的不成熟

孩子在家里若有兄弟姐妹，大都会抱怨父母不公平的对待，事实上，对于父母来说，手心手背都是肉，但是父母再怎么解释给孩子听，他们都难以理解，父母应该先用同理心化解彼此的对立情绪，再慢慢解开孩子的心结。

小学五年级的小森常抱怨父母不公平，对于手机及电脑使用这件事，他认为父母限制他比哥哥多。

这天，他生气地去找妈妈："哥哥一直在玩手机，你们都不管他！"

妈妈放下手边的事，认真地回答小森的抱怨："哥哥在学校上了一整天的课，也把事情做完了，这是他的休息时间。"

"你们每次都这样，只称赞哥哥！"含着眼泪，小森用力地大步离开房间。

显然，妈妈的回答没有传递到小森的心中，而小森经常透露这样的"比较"信息，他觉得自己被父母不公平地对待。

每当小森发出这种"不公平""比较"的信息时，爸妈会尽全力解释："你把你的事情完成了也有休息时间啊！我们看到了你的好，也会夸奖你，当你向我们提出想买什么东西时，只要是合理的，我们都会答应。"

爸妈要告诉小森的是：爸妈也看重公平！但不是"齐头式的公平"，而是"立足点的公平"，即根据兄弟俩不同的能力给予要求，同时根据不同的需求给予回应。

化解孩子心中对"不公平"的误解

然而，小森仍然会表达类似"不公平"的想法。爸妈想了解：小森心中想要的"公平"到底是什么？为何他一直解不开心中"不公平"的结？

于是，爸妈和小森一同出现在咨询室内。我问："小森，你认为爸妈什么时候不公平？"

小森细细说来："很多时候，我听到他们说哥哥的好，哥哥玩手机时，他们不会监控他，他爱玩到什么时候都可以！"

"嗯，这听起来好像真的不公平！我们让爸爸妈妈来说明一下，好不好？"我先征求小森同意，再转向爸妈。

爸爸点点头，率先说："小森现在五年级，哥哥现在高一。他们年龄不同，个性也不同，但我们都希望培养他们自律的习惯。哥哥像小森这个年纪的时候，自律性也没有现在好，也需要父母提醒、监督,更不用说给他一台手机任由他玩了。"妈妈也补充说:"哥哥像小森这个年纪时,也有设定玩手机的时间,他超过时间,我们一样会提醒他;他若无法控制,我们口气会变得更严厉,甚至惩罚他禁玩一次,这都是我们约定好的。"

"小森,爸妈的说明够详细吗?哥哥像你这个年纪时也会被管,目的是要培自律的习惯。"

"我知道!"小森虽明白,但心情似乎仍然无法畅快。

我来打通小森和父母堵塞的关系:"小森绝对是聪明的,也了解爸妈管教的用意。但是——了解归了解,总是会有一种被限制的不悦感觉,对不对?"

小森的这种不悦感,是在大人合理管教时产生的一种落寞的不满足感。这份感受没有被理解和接纳时,就转变为"比较""不公平"的愤怒。

小森笑眯眯地对我点头,爸爸也附和说:"这种被限制的感觉可以理解啊!"

比喻式引导,让孩子了解父母管教的用心

我用夸大的口气说:"唉!成功者似乎必定要体会这种不怎么令人愉悦的感觉啊!我说个比喻给你们听,好吗?"小森很好奇,爸妈也兴致勃勃。"你和哥哥是两棵树,爸妈是园丁,哥哥比你早种在土地里。过了几年,当你还是幼苗的时候,哥哥就已经长出了很多枝叶,但这棵树长得很凌乱,为了让它后续长得更好,园丁就拿起了专业级的剪刀,一刀一刀将它修剪,树很不悦。终于剪完了,树就继续

生长，最后不只长得挺直，而且结了果子！接着，另一棵小树也渐渐长大了，也到了要被修剪的时候……"除了语言，我还有肢体动作，小森听得津津有味。

"我就是这棵小树吗？"小森微笑地问。

我用力地点头："是啊！总有一天你也会开花结果呀。被管教时都不觉得快乐，反而觉得愁苦，但经历过了，就变成会开花结果的大树了！爸爸妈妈，你们对小森有没有信心呢？"

"有啊！他有许多的优点，其中之一就是他很有耐心，他不只做自己想做的事时很有耐心，他在做有挑战性、不熟悉的事时也很有耐心。"妈妈用欣赏的眼光看着小森。

"小森，爸爸不会随便乱剪你的枝叶。"爸爸也引用了比喻。

"我知道，你要是乱剪，你就亏大了，白白损失了一棵树。"小森很得意自己的幽默，也显然接受了修剪树的比喻。

在"公平"与"不公平"的声音之外，有另一种声音，就是成长和改变过程中的痛苦呐喊，然而，培养挫折忍受力靠的是爱、接纳与信心，而非"挫折"本身。

之后，当小森要求更多玩电脑的时间却被拒绝时，他会摸摸鼻子，自言自语："又被修剪了！"

···· 心理师的暖心话 ····

用"穿透"视野看待孩子的不成熟

　　人要如何超越对舒适圈的眷恋呢？以我骑单车的经验来说，当看到前方有上坡路时，我的心情是很复杂的，一方面想要挑战自己，用力地骑过去，一方面又觉得好累，内心想着"放弃好了，推过去就好"。留在舒适圈，拒绝吃苦的事，全人类都倾向如此。然而是什么因素促使人仍愿意做吃苦的事呢？

　　故事中的小森虽然在理智上理解父母对他的限制，但内心仍然想拒绝它，只好寻找缝隙，趁机释放所感受到的苦。父母除了坚持与撤退这两难的选择，到底还能怎么办呢？

　　其实，孩子内心会有向上的渴望，但却被另一股力量搅扰着。此时若父母过于看重表象行为，就可能给孩子贴上"懒惰""不求上进""不体贴别人"等负面的标签，将孩子导向更无动力的状态。如果父母先放下自己的成见，以正向且有能量的状态迎向孩子，并运用"穿透"的眼光看见孩子"不是不想，只是他感到不能"，慢慢引导孩子，孩子内心微弱的火花终会逐渐闪耀起来！

亲子的暖心练习

面对老是爱比较的孩子，下列的想法与做法供父母参考：

◎理解孩子的两难心境

在面对一些合理限制或要求时，如：要早睡、要练琴、玩乐的时间要有所节制等等，孩子其实有愿意做到的心，只是力不从心。所以理解孩子的两难心境是第一步，父母可以这么说："我知道其实你想要这么做，但内心又觉得很难！你心里很冲突、很不好受……"接纳孩子的真实面会让他内心累积的冲突找到出口。

◎附和孩子的想法，因为想法带来驱动力

人愿意去做吃苦的事常常是因为有驱动的能量，从最基本的生存本能，到能促进个人成长的需求，再由需求转为想法，如："我想要骑车上台湾的武岭，是因为要超越自己的骑车经历。"这想法是带有能量的，会激发人的渴望和行动力。前面举例所提的骑单车上武岭，虽要在体能上吃苦，同时要克服看到斜坡的心理障碍，但苦尽甘来，最终会尝到许多好处。

因此，针对对孩子而言会"吃苦"的事，可和孩子讨论他的想法，让他明白这么做的好处是什么，愈被自己认同的想法就愈容易给予承诺；反过来说，仅用命令、指示是无法产生认同效果的。讨论的过程中也可以善用比喻，如故事中修剪树的比喻；运用适切及生动的比喻，把一些深奥的道理借由平日生活的经验表达得浅显易懂，这是非常好的做法。

◎表达对孩子的信心

以骑单车为例，当我看到有斜度的上坡时，会冒出打退堂鼓的想法，除了用渴望来激励自己外，想想自己所拥有的能力也是可以激励自己前行的，例如：我会调整呼吸，这可以帮助我上坡。此时需要唤起当事人所拥有的能力，使他增加面对挑战时的自信心。就像前面故事中，我邀请爸妈反馈对小森的信心，道理就在此。

◎现身说法，增强共鸣感

"从前我遇到什么样的困难，当时是如何的……后来是如何的……"人在获得成就以前都会经历困难，若有人采用现身说法，述说他成功背后的辛酸流泪史，当经验的分享令人产生共鸣后，可作为孩子的典范，强化孩子继续往前走的信心。

◎成为教练，陪伴孩子学习

根据发展心理学家列夫·维果斯基（Lev Vygotsky）所提出的学说：师长或有能力的人在孩子的潜在发展区中提供有效的协助，可帮助孩子获得认知技能的发展，这称为"鹰架作用"。而良好的鹰架是适时、适量的，应在孩子需要时给予指点并且在他进步的过程中逐渐撤离鹰架，此外，鹰架是经由言说和互动而形成的。例如：当孩子在练习早睡早起时，父母可以陪伴孩子一起早睡早起；孩子在练习某个技能时，由父母或适当人选来当他的学习教练。被陪伴的经历着实能强化学习的效果。

如何帮助孩子撕掉"我是失败者"的标签

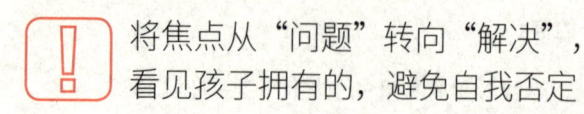

将焦点从"问题"转向"解决",看见孩子拥有的,避免自我否定

"自己要对自己的问题负责"听起来是天经地义的事情,但事实上,有些大人都做不到,怎么能强求一个被"问题"困扰的孩子做到呢?这样的话语不仅不会有激励作用,还会让孩子深陷"我不行"的挫败情绪中。与其指责,不如协助他看到自己所拥有的能力,再一步一步解决问题。

小杰从小学开始,无论起床、吃饭还是写作业,总被旁边的大人们催促"快一点!""不要拖拖拉拉!"久而久之,父母开始在心里念叨:到底是孩子对生活大小事全不在乎,还是父母的过度紧张导致小杰养成了被动的习惯?天天催促的戏码不停上演着,直到小杰升上了初中……

"他说补习太累就不再补习,他说之前的学校太严格、经常考试,也给他转学了。然而,到头来,他对学习还是很不积极,我跟小杰爸爸一致认为:'小杰最大的敌人是他自己',他若没有改变,以后也很难在社会上竞争!"

小杰妈妈的这番话，我从不同的人口中听过很多次，这种言语想要表达的是：不能怪他人或环境，都是自己的问题。这样的说法听起来言之有理："自己要对自己的问题负责"不是天经地义的吗？然而这样的观点套用在一个长期被问题困扰的人身上，非但没有起到增能（心理学名词，指"增强能力"）及激励的作用，反而会使其深陷于"我是失败者"的负向自我评价，伴随着羞耻、沮丧、绝望，日复一日。他身旁的协助者既失望又生气，以致双方的关系被问题搞得分崩离析。

孩子有问题行为≠孩子是问题人物

小杰妈妈听完以上我对"最大的敌人是自己"的补充观点后，问道："那我们要怎么做呢？莫老师，请你帮我们劝导一下小杰，让他不要对事情漫不经心、拖拖拉拉的。"

我与小杰见面时，我提及了妈妈的困扰，并询问小杰的想法，小杰说："我同意妈妈所说的，我浪费时间，一事无成。"

小杰直接说出问题带来的不良后果，似乎跟妈妈说的小杰做事常常不考虑后果是不一致的，我进一步询问小杰的想法："你觉得浪费时间又一事无成有很大问题吗？有些人可是抱持着及时行乐的想法，认为'船到桥头自然直'啊！"

小杰严肃又无奈地摇摇头："我不想浪费时间，想赶快做完该做的事，就可以做自己想做的事，可是我却拖拖拉拉，爸妈、老师常说我很散漫。"小杰的言辞中带有挫败感以及对自己无力改善这些问题的沮丧。

我希望为小杰增能，使他有足够的动能来面对自己的问题，其中最核心的一点就是协助小杰不将自己视为问题人物。"小杰，你其实对自己目前的状态很不满意，具体来说是对自己拖拉的坏习惯不满意，对吗？"

小杰马上点头同意，我接着说："说来说去，就是'这个'拖拉坏习惯导致我们没好日子，一会儿被唠叨、一会儿被处罚，害我们没办法做想做的事，除此，它还对你造成了什么影响呢？"

"我每天总是要补一大堆作业，我觉得很累、很烦，而我……会想逃避，还会说谎，这已经很严重了！"小杰的回答印证了他对"问题"很熟悉，并知道很多"内情"。

跟孩子一起制订计划，强化其自信心

小杰借用了我的"'这个'拖拉坏习惯"，以第三人称来形容问题。这意味着他正视问题的存在，且用保持距离的方式来看待它。

我带着惊叹又挑战的口气说："'这个'拖拉坏习惯果然不是普通身份啊，但它遇上我们，算是它的不幸吧！我们需要一同拟订一个计划，你帮这计划取一个你想要的名称，比如：小杰VS拖拉坏习惯计划。"我边说边用左手手势代表小杰，右手手势代表拖拉坏习惯。

小杰很开心地说："就叫'天空龙作战计划'！我喜欢游戏王卡的天空龙。"

"这是一个很酷的名字！这作战计划的目标是击退拖拉坏习惯。你是否有信心执行此计划，最终击退拖拉坏习惯呢？"

一谈到信心时，小杰一扫刚刚开心的心情，显露出淡淡的忧伤，沉默不语。

我先假设小杰对于这问题的回答是陌生的，于是以幽默的口气来示范如何确认信心："问起信心，有些人毫不犹豫地说'我有信心，因为我是某某某'或'看我这块肌肉就知道了'等等。有信心的原因是什么，只有自己说了算！"

小杰对战胜坏习惯是信心不足的，但听了我的示范后，似乎受到了启发，带着调皮口吻说："我有信心，因为我是属老虎的，爆发力很强！"

回顾孩子成就，唤起能力意识

小杰的信心来源除了自己，重要的还有家人的支持。我问："属老虎的小杰，对于此计划，你觉得爸妈对你有没有信心呢？"

小杰再次呈现支支吾吾状。我说："你该不会认为他们对你没有信心吧？"小杰马上点头。虽说改变是小杰个人的事，但亲朋好友的支持会让动能加倍，因此我说："我们何不问问他们呢？"小杰不反对。

在我简略向小杰爸妈说明情况后，我请他们表态，妈妈第一个说："我对小杰有信心，他想做的事就会做得很好。他上幼儿园时，有一次在夜市里走丢了，他很勇敢，冷静地走进一间商店，请老板打电话给妈妈，成功地找回了我们！"

说起这个故事，小杰爸妈你一言我一语，大家的回忆被唤起了。

换爸爸说了："我对小杰也很有信心，他曾经参加过演讲比赛，在比赛期间努力背稿，接受指导和训练，他表现得很认真！"

在充满正向情绪的谈话氛围中,原先被问题所困扰的家人再度凝聚起来,小杰唤起了过去成功的经验,爸妈的焦点也重新定位在小杰的能力上。

从咨询对话中,小杰不仅重新看待了他跟问题之间的关系:问题就是问题,问题不等于他,也获得了解决问题的信心!往后,心理师及父母充当了小杰的教练,支持他,陪伴他,给予适当的协助。小杰积极地参与"天空龙作战计划",直到问题不再困扰他。

···· 心理师的暖心话 ····

将焦点从"问题"转向"解决",跳出焦虑框架

当孩子在"问题"中打转时,会容易因被旁人贴标签而误以为自己是问题者,引发"我=问题"的焦虑。自我认同的焦虑一旦形成,心理防卫机制也会跟着来,例如:合理化(我会这样是因为……)、否认(不是我)、迁怒(都是别人害的)等等,如此一来,对立的关系也会形成。

在心理咨询学派中,有一派称作"焦点解决学派",其核心理论是:与其在问题中着墨,追讨问题,不如转而去想如何"解决"问题。转向"解决"方向、积极思考时,我们仿佛打开了一扇希望的窗,不会被问题所困,而是转为自信、有希望、有动机、有方法,如此一来,我们就不会害怕面对"问题"了。

在细谈具体做法之前,我先来说一个真实的案例。

一天,一对非常忧心的父母来找一位有名的催眠医疗大师——

米尔顿·艾瑞克森（Milton Erickson），原因是他们六岁的女儿有偷窃行为，父母希望艾瑞克森能用催眠术来改掉女儿的偷窃行为。艾瑞克森听了他们的诉求后，并没有急着答应为小女孩做催眠，而是问了父母几个问题：这个小女孩最擅长的是什么？她六岁了，到目前为止她学会了什么？在其他人的眼中，她有什么优点？

问完这些问题后，艾瑞克森说："我会给这小女孩写一封信。"

亲爱的苏姗：

我是你六岁的精灵，我认识你，也知道你有很多优点，你会——（父母提供的内容），你最擅长的是——（父母提供的内容），在许多人的眼里，你是一个很棒的小女孩，别人对你的印象是——（父母提供的内容）。然而，我也知道你有一个很困扰你的父母的问题，可是我偷偷告诉你，过了七岁的生日后，这问题就会不见了！

你六岁的精灵

小女孩收到这封信后露出兴奋的表情，迫不及待地给她六岁的精灵回信，内容是这样的：

亲爱的我的精灵：

谢谢你给我写信，我快七岁了，在我生日的那一天，我会办一个生日派对，我想邀请你来参加。另外，有一件事情你猜错了，还没到七岁的那一天，我的问题就已经消失了！

苏姗

六岁的精灵会如何回复小女孩的邀请呢？艾瑞克森很聪明，如此回复：

亲爱的苏姗：

谢谢你邀请我去你的生日派对，我很抱歉我没办法参加，因为我是你六岁的精灵，你七岁时，我就不是你的精灵了。

你六岁的精灵

小女孩的偷窃行为就这样改变了。

帮助孩子发掘自身优点

无论小杰的故事还是艾瑞克森与小女孩的故事，皆未着眼于"解决"问题上，然而是什么因素促发了改变呢？

先看到"拥有"什么带来改变的"自信"：只谈问题往往会令人只看到自己的不足而忘了事实上自己有许多值得赞赏的地方。因此，要谈改变，自信是首要的，发掘及珍惜自己的优点是产生自信的基础，所以我引导小杰看见自己的优点，艾瑞克森发掘小女孩的优点并反馈给她。父母看孩子的眼光对孩子有重大的影响；父母对孩子的由衷欣赏，能从言语、眼神、表情、肢体动作中传递出来。

对未来有"希望感"带来改变的"动力"：协助孩子勾勒出对未来的憧憬，这股从内而发的力量会带领孩子前行，就如引导小杰想象他按部就班把事情做完时的轻松自在；小女孩想象着魔法精灵对她说"你过了七岁的生日后，这问题就会不见了"。因此，大人可以引导孩子运用想象力从现在穿越到未来,并把想象的内容写下或画出来,愈具体愈好。可以这样邀请孩子想象:"此时此刻,问题已经消失了,你有何不同体验呢?"

改变是将"问题"转为"技能":"如何看问题"是孩子改变的最重要因素,"自责"和"否认"容易使我们和改变擦身而过。精灵形容小女孩的问题时,没有把问题看得太轻或是太重,他提示"过了七岁的生日后,这问题就会不见了!"意思就是问题的改变掌握在自己的手中。换个角度想,任何我们自身的问题,若视其为有待学习的"技能",只要我们学会某方面的技能,问题自然就迎刃而解。在小杰的"天空龙作战计划"中,他列出了好几个要学习的技能,例如:设定闹钟并起床、吃早餐、准时上床睡觉,这些技能不是一蹴而就的,需要不断地练习。

集结支持者更有利于改变:在场上比赛的运动员需要啦啦队的加油以提升自己的士气,在生活中与问题奋战的孩子同样有此需要,人和群体联结,尤其是和关系亲密的家人、师长、朋友联结的需求与生俱来。小女孩在面对问题时,她从心底知道有一位精灵在默默地关心她、支持她。在协助小杰的过程中,我也力邀小杰的爸妈当他的后盾。支持者的任务是:当个称职的啦啦队员、关心他学习技能的进度、分享他的成果和喜悦。

亲子的暖心练习

有时候爸爸妈妈也会有盲点的，他们有时求好心切，反而让亲子之间的关系受到影响。

以下有几个建议，还请父母从自身的态度开始改变、开始练习，最终一定能帮助到孩子。

◎**爸爸妈妈不要胶着在问题上，避免孩子自我否定**

爸爸妈妈往往过于急切地想要矫正或解决孩子的问题，但是无形中当焦点放在问题有没有解决的层面上时，孩子往往会在一次又一次的催促与责备中逐渐自我否定，到最后甚至将自己与问题画上等号，甚至产生焦虑的负面情绪。父母应该站在协助孩子的立场，而不是觉得光是提醒或责骂就能改变孩子的状况。

◎**与孩子站在同一阵线，一起发现优点、加强动机**

常说做事情要有方法，面对孩子也是，当问题产生时，孩子也在负面的情绪中，爸爸妈妈可以稍微放下身段，和孩子一起发现他的其他优点，增加孩子的自信心，并且一起描绘出当问题改变后会是什么样的状况，让孩子心中有具体的想象，就能成为他的一股改善的动力。

◎**当孩子最强大的后援**

当孩子一步一步朝着问题的改善之路迈进时，爸爸妈妈别忘了当一个最给力的啦啦队员，支持他继续进步。

❓ 家中一定要有人扮"黑脸"和"白脸"吗

> ❗ 不论角色分工如何,父母必须口径一致,标准相同

每次家里讲到孩子的课业时,不知怎么就会变成夫妻大战,很可能传统的教育方式——"黑脸"与"白脸"失效了。这时父母俩人不妨先坐下来好好沟通,达成夫妻之间的共识后再来处理孩子的问题吧!

阿荣,一个学习动力不高的初中生。家中只要触及跟课业有关的事,就常常有争执发生。战争虽是从阿荣的课业问题开始的,但炮火经常延伸为爸妈之间的争执,到最后,爸妈也感觉筋疲力尽而束手无策,就来寻找咨询的协助。

坐在咨询室里的阿荣漫不经心:"我每周末不是补习,就是复习功课、写一堆测验卷,都是我爸让我写的!不写会被他骂!"阿荣的回答,表面听起来做这件事时是很干脆的,然而事实上是这样吗?

"因为怕被骂所以才写,这样不就写得很不开心吗?"

我这样问是因为我从他爸妈那里得知，阿荣写作业时往往是家中掀起大战的时候。

"不写大家都很不开心，写也是为我自己好啊！"话是这么说，但其实阿荣内心有更矛盾、更复杂的情绪。阿荣似乎想隐藏一切负面情绪，他所发出的信息似乎在告诉我："你不要再问了，我已经受不了了。"

我顺势提出建议："多写的确是有好处的，你要不要把作业拿出来写，顺便订正一下考卷？我知道你刚从补习班下课就过来，一定有未完成的功课。"

阿荣马上激动了起来："现在不是写作业的时间，不要逼我写！"

我知道我和阿荣已建立了深层的信任关系，于是故意不退让地回应："多写对你有好处啊！或者背熟二十个英文单词也不错？"

"我说不要就不要，为什么要逼我！你和我爸妈是一伙的，都要来逼我！"阿荣放声地哭泣，强烈的情绪背后是过去的不愉快，甚至伤害性的经历。

还原"问题"场景，厘清亲子相处模式

"阿荣，你哭得好难过，你说的那种被逼的心情一定不好受！"我替阿荣说出了他真正的心情，接下来要协助阿荣和爸妈厘清面对课业时的纠结。

比起先前，阿荣情绪有些平静了："我把作业写完，该复习就复习，他们就不会多说什么，也不会为我的事吵架了。"阿荣其实还是逃避面对和处理此事。

"阿荣，有比完成作业、考好成绩更重要的事，否则你今天就不会坐在这里和我谈话了。我不是教你任何学科的老师，但是，我是关心你内心和情绪的老师。"阿荣了解我的每句话，他没有反驳，保持着沉默。

我征求了阿荣的同意，将父母请入咨询室内。"阿荣爸妈，在家写作业、复习功课这件事，是不是把你们家搞得乌烟瘴气的？我指的是事，不是人。"我刻意把"问题"和"人"分开，避免这三人陷入互相指责的恶性循环中。

妈妈率先开口："嗯，再这样闹下去，邻居可能会误以为我们在家暴。"妈妈说完，爸爸点头附和妈妈的说法。

"所以，今天大家一起想办法，看能不能杜绝这事，不能让它持续不断地干扰你们家。"我帮助他们拉开和这事的距离，看清楚这事对彼此的影响。

仍然是妈妈开口："莫老师，你说的没错，阿荣和爸爸为了功课和复习的事，每天吵到屋顶都快被掀了。我想阻止，可是先生觉得阿荣不是不行，只是常常采取敷衍的态度，他想纠正阿荣这一点。我先生说我管教的方式太松了，会让孩子找到逃避的方式。因为他在孩子面前这样批评我的做法，影响我对孩子的管教，所以我的话阿荣从来不会在意的。"听起来妈妈在家处于弱势，但今天可以有机会多说一点话。

妈妈说完了，换爸爸上场了："我跟我太太的标准不一样，正因为这样，阿荣会在我们两个之间找漏洞。我管得紧，他就会去妈妈那里找依靠，妈妈会说'他已经累了，让他休息'之类的话，可是阿荣的状况是多么惨不忍睹啊！"爸爸似乎说到了令他无力的事，愤怒的情绪随之上升。

别把战场扩大成家人的对峙

"爸爸妈妈，所以你们也意识到了，你们的差异让这事更加僵持。阿荣的内心也有两套系统，好像选择了这一套，就不能容纳另一套。"我清楚爸妈之间的差异和不良沟通是长期的事，需要更多时间来面对；也许通过了解阿荣内心的困境，可以协助解决爸妈之间的问题。

"我不知道。"长期的混乱令阿荣分不清内心的状况，所以表现出来的是乱成一团的状况。

"阿荣，当你真正想认真的时候，是不是在想'我是因为我爸才这样认真'？当你这样想的时候，你还会认真吗？"

"有时会，有时不会。"阿荣的回答很清晰。

"想到是因别人的命令而认真时，反而会产生一丝抗拒，对吧？你的内心因此很矛盾。"我在剖析阿荣的内心，目的是让他清楚内心的想法。"当你转换到不认真的模式时，其实你内心有罪恶感。怎么办呢？你可能会用耍赖的方式，在家里打一场战争！妈妈这支军队是你暂时的联盟军，是不是这样？"

"对吧！"阿荣回答完，妈妈说："阿荣的内心像一个战场，永远有打不完的仗，敌军也不同，有时候，你会利用我去对抗爸爸；有时你又会靠向爸爸，来取笑我这支你们认为的老弱残兵。"

"这场战争的结果是一个家庭渐渐分成三国。"爸爸也用战争做了这样贴切的比喻。

"今天我们分析这场战争，目的是让大家很清楚地看见：我们的敌人在哪里，他用了什么样的战略。"我这样说。

"莫老师是不是要告诉我们——我们的敌人是自己？"爸爸的说法一针见血，妈妈听了也咧嘴而笑。

"爸爸说得没错！阿荣处在青少年阶段，正在发展自我认同感，对自己尚不完全认识，在不了解自己之前就忙着应战，打出来的当然是混战啊！"

三位都很专注地听，我继续说："至于爸爸妈妈，你们也要找机会了解自己为什么加入了这场战局。"

"你是说我们要进行夫妻婚姻咨询吗？"妈妈问。

"你们的确可以考虑。事情只是把你们关系中存在的问题引发出来的催化剂而已。你们可以通过咨询好好地表达内心的想法和需求，并且认真听听对方的想法和需求。"

妈妈看了爸爸一眼，似乎在说："这要看他愿不愿意啊！"爸爸点头说："我很愿意坐下来好好谈，我没问题。"

接着我回头问阿荣："至于阿荣，我们得多听听你的想法和需求。大人是你的顾问，可以跟你讨论，最重要的是当你的支持者，给你必要的协助，这样好吗？"

"好！打仗就要'知己知彼，百战百胜'嘛！"

···· 心理师的暖心话 ····

父母要同时学会"爱"与"管"的能力

在教养孩子时,父母常问:管教孩子需要"黑脸""白脸"的角色吗?

阿荣的爸爸和妈妈,分别扮演"黑脸"和"白脸",阿荣处在夹缝中,长期下来酝酿了一套在家中的生存法则,这套生存法则对孩子的影响是什么呢?

假若把"黑脸"比喻为刹车,"白脸"比喻为油门,我们都知道:一辆车从顺利启动、上路到停下,除加油门外,还需要适当地踩刹车。也就是说,若由一方固定扮演"白脸",另一方扮演"黑脸",对孩子的发展恐有不良的影响,孩子在内心中会产生对爸妈的"刻板印象"。刻板印象一旦形成,就会阻碍良好的亲子关系。如:孩子会倾向于靠近"白脸",疏离"黑脸"。与"白脸"的关系可能从依赖演变成耍赖,而对"黑脸"则是消极或积极地抵抗。

一旦爸妈所扮演的角色是对立的,孩子或爸妈都会不自觉地开始一场心理游戏,令家人之间不能坦诚与信任。例如:孩子刻意抱怨"黑脸"的作为给"白脸"听,"白脸"利用"请出'黑脸'"来威胁孩子,孩子请求"白脸"为他"守秘密"……

夫妻扮演固定角色的"黑脸"与"白脸"而缺乏沟通时,教养孩子便会陷入互相补偿的模式;最终可能导致"黑"更"黑"、"白"更"白",甚至彼此指责教养方式,令教养失了焦点。

就像车子的"油门"和"刹车"缺一不可,"单一固定"的教养方式将无法独立教育孩子。出于无力感,夫妻会互相依赖,也会在对方身上投射错误的期待,期待对方解决问题。例如:扮演"黑脸"的爸爸管不动孩子时,就会期待妈妈替他执行他所期待的结果。

家庭中两套对立的规则不仅影响着亲子、夫妻关系,也对塑造孩子的行为、价值观有相当大的障碍,导致孩子未来人格发展可能缺乏完整性。父母任何一方,不仅需要学会"爱"("白脸")的技能,也要学会"管"("黑脸")的技能。两者若能整合成功,就可以发挥十足的"影响力"了!

心理学小贴士

根据教育一致性原则,每位家长对孩子的要求要做到前后一致,父母双方的教养方式也要保持方向一致,如此才能使孩子接收到相同的信息,向着某一个方向发展。否则,家中的不同教养观念互相冲突、互相干扰,孩子在其间无所适从,容易产生对父母一方的依赖或疏离。

亲子的暖心练习

父母的爱与管教都是为了子女好,不过得思考过去的教育方式或是上一代父母亲角色的特质适不适合自己的孩子。

◎"爱"与"管",父母必须口径一致,标准相同

对于未成年子女来说,父母亲态度、口径一致是非常重要的。不论年纪多大的孩子,面对父母的一致的准则,不仅较有安全感,也不会在不同标准的父母之中钻漏洞。当然,夫妻之间因为孩子管教差异的争执也会减少。父母彼此之间可以先进行讨论,把标准定下来,并且约定执行与提醒对方是否失准的方法。

◎父母都要学习如何扮"黑脸"与"白脸"

每个人都有自己独特的气质与性情,但是当面对孩子,较为温柔的一方也许需要学会坚守立场,较为严肃的另一方一定也需要练习让孩子能够亲近的温和态度。在教养标准一致的前提下,爸爸妈妈可以通过沟通与讨论,互相学习、彼此练习,让两个人不仅标准一致,连态度都相同,这对于孩子人格的健全发展是非常有帮助的。

❓ 偷窃或说谎的孩子需要什么样的教育

❗ 与其责备和处罚,不如帮孩子正视内心"优胜者"与"失败者"的冲突

有时孩子偷窃、说谎,其背后可能有更深层的原因,与其责备或惩罚,还不如先静下心来帮助孩子察觉内心的需求,并协助他处理和化解冲突情绪,才能彻底解决问题。

上初一的阿祥三番五次的偷钱行为令父母伤透脑筋;父母威胁、责骂、使用各样处罚方式,都改变不了阿祥的偷窃习惯。爸妈意识到若没有找出问题的症结点,无论实施多重的惩罚,偷窃行为仍会发生。

我假设阿祥有用钱的需求,但因某些原因而采用不当的方式来满足需求。因此,我先询问妈妈是否给阿祥零用钱。

阿祥妈妈说:"他有什么需要,只要合理的,我们都会买给他,但不曾给过他零用钱,我们怕他一有钱就会全花掉。"

我跟阿祥单独谈话时,我从"零用钱"切入,我想了解

阿祥对零用钱的看法，包含：他想要零用钱吗，他对零用钱的需求是什么，他认为多少零用钱是足够的，等等。

挖掘孩子的内心需求

"我知道你现在没有固定的零用钱，你希望爸爸妈妈给你零用钱吗？"阿祥耸耸肩说："不知道！"

"如果爸爸妈妈要给你零用钱，你希望每天、每星期或每个月给你多少？"阿祥重复耸耸肩："不知道！"

阿祥的回应表面上毫不在乎，真的是这样吗？耸耸肩说"不知道"要透露什么信息呢？这是咨询的重要目标。为了让阿祥觉察"不知道"背后隐藏的信息，我一人分饰两角，边说边演给阿祥看：

"阿祥，我打个比方，有一个大人和一个小孩。小孩对大人说：'我肚子饿了！'大人耸耸肩：'不知道！'接着就离开了！小孩只好忍受肚子饿……"我注意到阿祥专注地看着我的"演出"。

"没过多久，小孩感觉口渴，他对大人说：'我好渴，想喝水！'大人听了后又耸耸肩：'我不知道！'然后又走开了！很多次，大人都耸耸肩说：'我不知道！''我不知道！''我不知道！'就离小孩而去！"夸张的演出让阿祥笑了出来。

"阿祥，这个小孩就是小小祥，小小祥就是你自己。你是不是也这样对待小小祥呢？当你有需要时，你不理会自己的需要，还对自己说'我不知道！'然后走开了。小小祥很多次都不被理会，他很着急、很无助，他觉得没有人会理他。"我使用了"小小祥"，是因为每个人的内心都存在着持不同欲望和情感的小自我。

"最后,小小祥自己想了一些方法,你知道他用了什么方法吗?"

阿祥面带忧愁地看着我:"去偷别人的钱。"

"阿祥,当小小祥去偷钱时,你会怎么样?"阿祥看着我,想说什么但又说不上来的样子。

引导孩子觉察问题所在

在我和阿祥对话的过程中,他感受到的不是被指责,所以我们之间没有发生攻防战,阿祥很真实且有些懊恼。经过讨论,阿祥觉察到两点:第一,自己是有需求的,但却压抑需求,不愿正视它;第二,如何解决被压抑的需求,他使用的是奋不顾身的偷的方式。

关爱与接纳是改变的重要一步,阿祥不仅产生了对自我的察觉,也产生了面对自己的需求和做法的意愿。

"你可以为小小祥说些话吗?小小祥的委屈是什么?"

阿祥说:"没有人理他。"

"你最清楚小小祥为什么需要钱,对不对?"

阿祥终于平心静气地思索他用钱的需求,他告诉我:"我只是想在外面买东西的时候可以有钱,不用总是跟爸妈要。"

阿祥这样的想法是对钱的自主需求,我鼓励他向父母表达出来。经过阿祥的同意,我请爸妈进入咨询室。

在父母的面前,我说:"阿祥能清楚地表达出内心的需要是很重要的,你们希望听他亲口说出需要吗?"

爸妈立即异口同声地说:"我们很愿意了解!可是他从来都不说。"阿祥也立即回应:"说了也没有用啊!你们都不听。"爸爸疑惑地问:"我们都不听?哪一次我们没有听你说?"

当孩子表达内心需求时,父母要正视

阿祥想了想,把他记忆中父母没有回应他需求的事件一一说了出来,父母也平心静气地听他说。

阿祥说了一件事:"我希望你们让我养一只狗,可是你们迟迟没有同意。"爸爸回应阿祥:"我们不是不想养,而是希望搬去比较大的房子后再养,这样它活动的空间也能变大呀!"

我在旁边听着阿祥和父母的对话,阿祥勇敢面对自己的需求,我也适时地告诉父母:"你们没有对阿祥回应清楚,所以阿祥没有接收到你们的信息,他会在心中认为你们不重视他。阿祥可是个认真的孩子,你们没有给他回应,他会牢牢记住的。"

随着事件一一被厘清,阿祥"毫不在乎"的僵硬表情被轻松与笑容替代了。妈妈说:"阿祥,妈妈希望以后你也可以像今天这样,对我们无话不说,我们也会认真地回应你。"

有了畅通无阻的沟通方式后,阿祥再也没有偷窃行为了。

···· **心理师的暖心话** ····

引导孩子察觉内心的冲突

阿祥与父母之间没有畅通的沟通渠道,以至于他把很多的需求都压抑着。我们往往会把过去我们和重要的人的互动经验内化于心,以至于我们跟自己的相处模式就是一个和重要的人相处模式的翻版。

完形心理学派以"优胜者"和"失败者"来指出我们内心的冲突:"优胜者"扮演着命令、指示和批判的角色,它代表着个人认为"应该"的部分,此部分通常来自从小无形中内化的大人的要求,对阿祥而言,他的"优胜者"的发言是:"你不应该要求这么多……"

"失败者"则受到压迫,但它通过消极抵抗破坏"优胜者"的命令,常常成功阻止"优胜者"采取有效行动,它通常也代表着个人认为"想要"的部分。对阿祥而言,他的"失败者"沮丧的反应是"算了",同时以偷窃作为抵抗"优胜者"的手段。

上述两股势力,一旦在人的内心开设战场,彼此对立、争执,最后就会造成混乱、不安、僵局,使个人无法做出有生产力的行动,更严重的是发展成抑郁状况。例如:当"优胜者"对"失败者"说"你简直没用,懒惰,懦弱、笨拙,没救了!",此时"失败者"就会焦虑、抑郁、绝望,甚至可能萌生自我伤害的念头。

正视孩子内心的战争

每个人或多或少都上演过这内心挣扎的戏码。好消息是:这是可以改变的,就从察觉内心的对话开始。这内心的声音或许太小,所以我们必须仔细聆听。此外,无论是"优胜者"还是"失败者",它们都具有被肯定的价值,所以我们要尽可能地尊重两方的声音。

亲子的暖心练习

如何帮助孩子察觉他内心的冲突呢？我建议先找一个安静的地方，预备两支不同颜色的笔，分别代表"优胜者"和"失败者"，将它们的对话写下来。下一步就是改编原始的对立性对话，引导双方协力完成目标。看完下面的例子就容易明白了。

陈先生不想继续原有的工作而想转为公务人员，面对即将到来的考试，他非常焦虑，只要一想到来不及充分准备，内心就极度不安。他无法集中心思，更无法安稳入睡。以下就是陈先生内心的"优胜者"（称"大陈"）和"失败者"（称"小陈"）之间的部分对话。

大陈："就算你现在开始也来不及了，你真是不负责任，考不上理想的职位，一辈子做低层的工作，真是完了！"

小陈："像这样一直学习，谁受得了啊！不是工作就是学习，我觉得很烦了，只想打游戏、睡觉！"

大陈："现在最重要的是考试，考好才有未来！以后再享乐也不迟！"

小陈："你说的没错，但我只想放空，不想被你牵着鼻子走！"

以上对话一直处于僵持、互不相让、互相耗损的局面,陈先生试着打破这局面,先从认同彼此的优点开始。

大陈:"放空也是有帮助的,可以从中获得轻松的调剂,更能在准备考试时集中精神。"

小陈:"也谢谢你为了好的未来而如此卖力。曾经的坚持与努力也让我们能生活下去。现在的考试准备似乎太过拼命了,请给我一些空间吧!"

大陈:"我明白。你说该怎么做呢?"

小陈:"星期日我想打一整天游戏!"

大陈:"打一整天游戏,这不可能!去运动一下倒是不错,不能只有手指运动,身体也要动啊!要是先把任务完成再去玩,就有玩的理由了。"

小陈:"就这么决定了,不过在打游戏时,不可以让我有贪玩的罪恶感!"

大陈:"你也需要休息的,星期一早上之前我一定不打扰你。"

在取得双方的协议后,陈先生内在的纠葛和挣扎被摆平了。

刚开始执行这样的对话时,我们可能感到不适应,但会慢慢熟悉这做法的!当大人先学会摆平自己内心的冲突时,对孩子的回应自然是有效能的!

❓ 破裂的亲子关系，如何修补

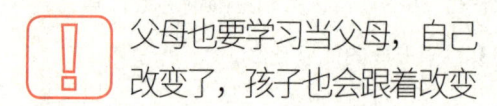

> ❗ 父母也要学习当父母，自己改变了，孩子也会跟着改变

在家庭中经常会出现因爱而彼此伤害的场面，结果被消耗最多的就是家人之间的亲密关系，该怎么办呢？或许通过专业的咨询，可以协助家庭找回往日愉快的情感，修补彼此爱的关系。

咨询室内爆发出极大的怒吼声，十七岁的阿勇声嘶力竭："你为什么要嫁给那种人？他害我这么自卑——你是一个笨妈妈，你今天要怎么补偿我？没用了，做什么补偿也没用了！我一生就这样被毁了，我不甘心、不甘心……"

妈妈用很忧伤、很无助的眼神看着我："老师，该怎么办？他情绪常这样爆发。家里的很多东西被砸烂了，经常闹到半夜、清晨，我们都无法入睡，第二天还要上班。"

"冰冻三尺，非一日之寒，阿勇的'结'早已在心中埋藏多年，这'结'若没有打开，大家都受折磨，不只是你和爸爸，阿勇也很痛苦，他其实过得很不快乐。"我说。

"我知道，但三尺的冰，要多久才能清除呢？"妈妈是阿勇情绪宣泄的直接对象，被他的情绪勒索，他曾要求妈妈给他大笔的金额玩乐、私自购买昂贵的名牌东西等等。此外，在妈妈面前抵制爸爸、否定爸爸。

"也许是三十天，更久是三个月，甚至三百天、三年……就看你们如何改变你们原来的互动关系。不是将它清除，而是将它融化。"

"冰冻三尺，非一日之寒"的亲子关系

这三尺的冰从阿勇幼时就开始累积。阿勇告诉我："我只要稍微有声音，不管是哭还是玩的声音，他就受不了，还会打我的头。我在学校发生什么事，只要老师告知，不分青红皂白，回来肯定被处罚。我成绩考不到他设定的目标，他说我将来'一事无成'。再长大一些，同学放学后去打篮球，他不让我去，他总是告诉我'外面很危险'。我变得愈来愈自闭，久而久之，同学不会找我，在同学中我像隐形人……"

面对这三尺的冰，妈妈很积极地说："我很愿意改变，我知道今天会这样，父母要负很大责任，但不瞒你说，爸爸无法接受孩子现在所爆发出来的愤怒情绪，他认为之前没这么严重，咨询后反而情绪更失控，他质疑我带孩子来咨询的行为。我跟他解释，孩子内心累积了好几年的情绪，咨询让他把对过去的不满倾倒出来，这是必要的过程。"

"他到今天连自己做错什么都不知道，不奢望他会改变！"阿勇

发泄情绪的背后，除了有过去的伤害，还有失望，因为父母直到如今依然不了解他，认为他是在无理取闹。

"好的，阿勇妈妈，我们不能等爸爸改变，我们就从自己做起，你也尝试将我们所谈的转达给爸爸，找机会邀请他一起来。"我再转向阿勇说："给大家一些时间，也给自己一些时间沉淀心情，这可能是三十天或三百天的关系改变之路。之前走错的路，我们不要再走，我们有新的路可以选择。"阿勇身陷情绪的荆棘中，对改变不抱任何希望，他需要看见的是父母具体的行动。

改变不必等，先从自己做起

我邀请妈妈向阿勇表达愿意改变的承诺，妈妈马上回应了："阿勇，妈妈没有尽到了解你、保护你、协助你的责任，我愿意从今天开始尽我所能地来了解你的需要，我愿意从头学起。如果妈妈误解了，请你告诉我，这样可以吗？"

阿勇叹了一口气，斜眼看了一眼妈妈："早不改，到现在才改。"在负向的表达中，阿勇其实接受了妈妈的承诺。

"今天是改变的第一天，值得将它记录下来。不要灰心，改变才刚开始！"我再次激励阿勇。"妈妈，记得你有一个任务是把爸爸找来，我们单独谈谈。"离开前，我提醒了妈妈。

自从妈妈承诺改变，她持续陪伴阿勇一起来咨询，也学习如何倾听、了解、回应孩子，阿勇对妈妈发泄情绪的频率减少了。

父母率先树立信念，直面亲子挫折

然而，妈妈承诺改变后的第二个月，阿勇的情绪又严重爆发了，起因是听见爸爸对妈妈随口说的一句话："家里的开销大部分都花在孩子身上……"

阿勇无意中听见了这句话，冲向爸爸怒吼，指着他的鼻尖："你花在我身上的钱，一点都不能弥补我的伤痛，你除了会赚钱，还会什么？"一发不可收拾的情绪又点燃开来。爸爸深知正面迎战会惹来更大的灾难，因此他选择了离家。

阿勇爸爸深夜独自一人开着车，漫无目的，悲伤感叹的心情涌出："这是我的家，为什么我不能回家，也不敢回家？"内心不断浮现的想法促使阿勇爸爸给妈妈打了一通电话："孩子到底怎么了？他在惩罚我们吗？"

就在那天晚上的电话中，妈妈利用机会说服爸爸来见我，我安排了一次单独和爸妈的咨询。

我第一次见到爸爸，他的面容明显憔悴，他这样表达了内心的苦楚："我快失去这个孩子了，是吗？我感觉他在对我报复，我见到他心中会有莫名的恐惧，已经持续好几个月，我借故加班晚回就是为避免和他相处。"

"孩子其实是怕你，但他现在想要对抗你，因为他觉得你伤他很深！"妈妈率先回应了。

"老师，是妈妈说的这样吗？我也是这样长大的，但我不会对我的父母有如此的态度！更不会想报复他们。"

"每个孩子接受信息、处理信息的方式不同。举个例子：阿勇能巨细靡遗地记得许多事,他对于你过去的声音、脸色、场景都挥之不去。你记得你曾经将他最爱的白色小熊丢掉吗?你对他说'男生不许抱娃娃!'"

爸爸想了一下:"我不记得了!但这句话像是我的口吻。"

"阿勇是个敏感的孩子,你不记得的他都记得。属于伤害的记忆,就像在心中划下一刀……"

"他牢记过去的伤害,心里有这么多仇恨,能改变得了吗?"爸爸开始了解阿勇的伤痛来源。

父母也要学习当父母

过去爸妈都用自身的经验和想法来教养阿勇,忽略了阿勇的感受,阿勇过去因为年纪小而喊不出内心的伤害,即便表现出不悦,也会被父母负面的语言标签化——"你就是这样不乖的小孩"。

妈妈回应:"老师说过'冰冻三尺,非一日之寒'。三尺的冰,可能需要三个月、三百天、三年。自从两个月前我向阿勇承诺我愿意改变,他对我的不满情绪的确缓和许多,无论是强度还是频率。"

爸爸点点头:"我希望能用最快的速度将冰融化,老师,请教教我们。"

在结束第一次与爸爸的咨询时,我这样鼓励他:"只要愿意,一定会有成果的。在改变的过程中,一定不要害怕失败、挫折。我们以三百天为目标吧!妈妈这两个月的努力,有了一些成果,爸爸加油!"

爸爸来咨询后,他不再采取强硬的方式,内心一直按捺着被阿勇冲撞的情绪，尽管阿勇对他咆哮，但他不是忍耐、道歉，就是想些办法转移阿勇的情绪。

阿勇这样形容爸爸："他并没有真的改变，他只担心我给他添麻烦，他在安抚我的情绪，想给我摸摸头而已。"

参与孩子的烦心事是表达立场的好机会

面对自己的内伤，阿勇需要负起一些责任，因此我把焦点移到阿勇身上："我们不需要花时间揣测爸爸的行为，但我们一定要花时间帮助自己控制情绪。"

阿勇点点头："我脾气愈来愈不好，很难控制。我在学校和教官发生了争执，原因是他挑我服装、仪容的毛病，我很不爽，就回了他'要你管！'后来他记我过，我又和他争执。最后，我冷静下来去跟他道歉，他却不给我撤销处分。"

阿勇很在意被记过这事，妈妈到校和教官沟通，却被教官指着鼻子说："我不接受'妈宝'的请愿，你回去吧！"教官强硬的态度让沟通停止了。

阿勇深知自己的坏脾气对他很不利，他在心里积怨的同时，也在面对情绪以外的人际问题，筋疲力竭。

爸爸知道阿勇遇到这困难，心中也愤愤不平，在我和爸爸单独咨询时，他说："教官不了解我们家，为何做这样的批评？教育的目的不就是让学生有改过和学习的机会吗？"

听见爸爸这么说，我鼓励爸爸可以做更积极的事："爸爸，这一次由你出面和教官再沟通，你认为呢？"

于是，在阿勇不知情下，爸爸主动到校找教官沟通，坚定地说出他的立场和观点，期盼教官能听懂和了解，再给孩子一次机会。爸爸也对教官坦言自己在教养上的改变："这是我第一次到孩子学校来参与他的事，之前我是别人所形容的那种'虎爸'，他若有什么不对，回到家会有第二次处罚的。教官，我的小孩不是'妈宝''爸宝'，他缺乏被我们了解、被我们爱。"

父母的改变，孩子都看在眼里

教官被爸爸有立场又有诚意的沟通态度感化了，阿勇获得了通过做"爱校服务"来撤销处分的机会。之后再见到阿勇时，阿勇很疑惑地说："我妈说教官被我爸说服了，他有这么厉害吗？"

"你说的'厉害'是指他沟通能力很厉害，还是他对你的事大大转变态度和做法这一点很厉害？"我希望能厘清阿勇对爸爸的感受和看法是否有新的改变。

"两种想法都有。"阿勇回答我，似乎想到了什么，"今天是几号？三月八号，距离上次你说'冰冻三尺，非一日之寒'的日子，已经将近六个月了。"

爸爸这次的出击在阿勇心中立了一个大功劳。虽没有正面地表达感激之情，然而阿勇明显地表现出平静的情绪，对爸爸改变的信心大步跨进了。

我接着说："阿勇，有多少的冰已被融化呢？"

阿勇回答："一半吧！面对他，我的内心还是有除不去的恐惧、生气。"

妈妈见阿勇对爸爸的敌意消除了一半，对他说："爸爸去学校见教官那天，刚开始教官态度很差，你爸爸并不是笑脸以对或赔不是，他也挺强硬的，我感觉到他在捍卫你。"

"阿勇，爸爸捍卫你，表示你在他心中很重要，你再多感受这一点，下次来再告诉我吧！"我说。

阿勇每次来，都会告诉我他感受到爸爸用心做了什么，即便是芝麻小事也会记在心里，例如："早上爸爸进我房间问我要吃什么早餐，他帮我去买，过去的他是买什么我们就得吃什么，不能有其他意见。"

从冰冻到融化，坚持改变终有成果

距离三百天时间剩下一个月时，正是阿勇毕业前的一个月，阿勇从学校回来，将一封邀请信交给爸爸："爸爸，这是教官今天早上请我交给你的，他推荐你当毕业学生家长的代表，在毕业典礼那一天上台致辞。"

阿勇爸爸愣住了，三秒后转过神来，问阿勇："你希望我去吗？"阿勇点点头。爸爸紧握着他的肩膀说："好！我不会让你失望的，我会好好表现，为你在学校争光！"

阿勇和父母关系改变的历程——从冰冻到融化，三百日，他们彼此的努力有了成果！

···· 心理师的暖心话 ····

唯有"无条件地改变"才能带来希望

在家庭中经常会上演因爱而彼此伤害的戏码,一出接一出,演员演得极累,然而却好像有一股"外在的魔力"导致无法喊停,只好让歹戏拖棚,结果被消耗最多的就是彼此的亲密关系,包含亲子、夫妻和手足的关系。

要让歹戏停止,换成让家庭关系有所进步的戏,该如何开始呢?我在数万个小时的咨询工作中发现,唯一会带来改变的就是:只要任何一位家庭成员成为改变的开路先锋,接着其他的成员也会乐意做出改变。所以一旦听见某家庭成员喜悦地说:"我的谁谁谁改变了,他以前——(如何),现在——(如何)",渐渐地,原来的歹戏就会落幕!

然而若有家人因为要实现以上所说的,就怀着这样的想法:"那我就先退让,看他会不会有所改变?"如此一来,改变的动机变成了为"控制"对方而做出的退让,那么到头来只会仍然陷在原来的歹戏中,不仅不会带来任何改变,甚至可能让关系的裂缝加大。在咨询室里最常听到改变的父母一方气愤地说:"我已经改变了,你还是老样子!"这类话语,会导致孩子这一方对关系感到彻底的失望:"他的改变是假的,我再也不相信他!"

因此,改变并非以"控制"为目的。因为控制是有条件的,改变却是无条件的;无条件改变的好处是:个人生命本质更为成熟。当改变发生时,最受益的人先是自己,其次是你身边最爱的人。

阿勇的故事进一步说明：当父母在为孩子烦恼，苦于"何时手上有一只魔法棒，能让孩子在刹那之间所有问题都消失"时，父母所能做的就是自己先"无条件地改变"！

辨识家庭关系改变的两项重要指标

当被建议"你要改变"时，父母通常都会有莫名的防卫，经常会把"改变"和"问题"联想在一起，如：我没有问题，是别人造成我的问题，我是付出最多的人，怎么会是我的问题？为什么要求我改变而不是他改变？以上的各种想法是无条件改变的最大障碍。其实无条件的改变不仅不会让个人有任何的损失，反而是甘甜满满的祝福。

在辨认家庭关系是否真的有所改变时，有两项重要的指标可以协助你我辨识：

一、能接纳彼此的差异，并以了解取代控制：就父母而言，无论是对年龄小还是年龄大的孩子，都可以积极、随和地跟他对话。因为接纳，我们内心的容量增加，我们的眼界更为宽广，接纳更为我们自己的生命带来无法测量的境界！

二、以"爱"为源头，包容和接纳一切的失败、不足、不如意，并创造出影响生命的力量：这也就是关爱与管教的完美整合。因为这样以"爱"为出发点的想法，能帮助我们整合原来存在于我们内心的极端并冲突的想法。举个例子："处罚"与"溺爱"就是一个两极化的冲突，当父母面对孩子做错事时，经常陷于"不处罚就是溺爱"的想法；但处罚会伤害彼此的关系，因此父母往往做完选择却未创造出影响孩子生命的力量。只有在爱的驱动力下，父母才能在两极端中创造出一种有影响力的做法。

亲子的暖心练习

亲子关系的良好质量，都是一天一天累积而来的，并非一日就能促成。当然，要改变也需要时间。唯有回到爱的原点，才能慢慢修复亲子关系。

◎ 唤回你对孩子最初的爱

还记得抱在怀中的刚出生孩子的模样和你当时的心情吗？那时，你对孩子满满的爱，单纯且无条件，不会企求任何回报，现在是否还是一样呢？有没有随着孩子的成长，那份爱变成了"控制"，变成了条件交换？请思考一下，管教孩子的准则是真心了解孩子的需求，还是想要控制孩子，让日常生活更顺遂而已？功课、补习、才艺等等，都可以重新思考一番哦！

◎ 告诉自己：只要自己改变了，孩子也会跟着改变

常听到爸爸妈妈口中说出的一句话："我已经改了，你怎么还是一样？"这对孩子来说是个让人灰心的回应。因为这是有条件的改变，这不是真正的改变，对孩子来说是雪上加霜，徒增负担。所以请爸爸妈妈静下心来，无条件地为亲子关系做出改变，那份真心孩子是能够感受得到的。

❓ 强迫症孩子不被理解的背后隐藏着多少心酸

❗ 控制和惩罚孩子只会加重病情,关爱和理解才是良方

孩子到底是在装病还是有强迫症?其实父母通过仔细观察,应该可以觉察出来。若是逼孩子去做他们不想做的事,只会适得其反,不如运用"天龙八步"法,引导孩子一步步走出病症的困扰。

小黎是初中三年级的孩子。这几年来,他深受强迫症之苦,不但在行为方面,更体现在想法上面,例如:准备洗澡时,他必须不断思考每个程序及细节:是否漏掉了什么?错置了什么次序?动作是否标准?想到最后,他总觉得不够,以至于最终也无法洗澡,于是陷入更深的抑郁与焦虑中……

除了深受病情之苦,他也曾经历一段惨痛的过往……

"斯巴达管教法"只会让强迫症更严重

"去年有一天,伯伯、姑姑来家里,他们讨论我的病情,认为我没病装病,偷懒、不想去上学……他们认为爸爸妈妈把我宠坏了,不能顺从我的想法,必须强制我去做应该做的事情。最后,伯伯提出一个建议——带我回他家住一个月,他要好好训练我!"

听到这里,我有一种不好的预测,小黎即将面临"斯巴达管教法"。在社会上有不少人深信孩子行为方面的问题都是"装傻的",主张"打下去看你还敢不敢"。

"我当时感到很无助,但是我没有选择,他们几乎强行把我带走。我的内心很害怕。到了他们家,他们首先给我一个生活工作清单,要我照表操课,如果没有照做的话,他们说会让我好看!"

听到这里,我难以置信,向陪同在旁的父母确认,他们点点头,接着解释他们不知道情况会这么严重。

"我看着他们所列的工作清单,真是晴天霹雳,我原来就有许多做不完的'应该',现在又有天文数字般的'应该',好像小小的身躯被压在巨石底下。更惨的是没有任何人可以救我。在这种无法前进、又有追兵的日子中,我的情绪更加焦虑……有时候,'害怕被打'赢了,我好像能够做一点事情;有时候,'害怕做不好'赢了,我的强迫行为更多了。我反反复复处在这两个矛盾中,情绪逐渐恶化,我开始无意识地抗拒和爆发,有种'豁出去'的感觉,即使因此遭受更大的压制,我也愈来愈不在乎……"最后小黎被送回了家。

"虽然你的内心很害怕,但是当你被'逼到墙角',你尝试奋力一搏。"我适时切入,因为这时候小黎的爸妈似乎要为伯伯做解释,但我知道小黎需要的是同理与支持！

"关爱"与"想要"才能缓和强迫症状

"我也不知道哪来的勇气，那时候我真是豁出去了！但现在这股力量不见了，我很害怕他们又会来我家把我抓去！"他说这句话的时候，转头和爸妈怒目相视，好像在说：你们还会这样做吗？

"爸爸妈妈，小黎的问题不是偷懒，他遇到的麻烦是强迫症。强迫症来自于长期的焦虑、不安，他的内心有太多的害怕与'应该'，打骂或处罚的方式是没有帮助的，反而使症状更为严重。你们可以答应我一件事吗？跟小黎承诺他被抓去的噩梦不会再发生！"我跟小黎站在同一阵线上，他非常需要安全感。

"我们会保护他！其实伯伯也没什么恶意……"这话一出，就被我打断了。

"伯伯也许没什么恶意，但是他使用的方式却使小黎的病情恶化，强迫症背后的驱动力是无止境的'害怕'与'应该'，小黎所需要的驱动力却是'关爱'与'想要'。"

"老师，我过去也不太了解你所说的'关爱'与'想要'，但是最近有些体会。最近我迷上一种游戏，叫作'宝可梦'。我玩着玩着，觉得不应该这样玩游戏，但是爸爸没有责备我，我感受到了你所说的'关爱'。更重要的是，我发现每次我在想'要去哪里抓宝''抓到了哪些宝''我走了多远的路'这些问题时，我的强迫症状竟缓和了许多！'想要去做一件事'跟'应该要做一件事'，真的很不一样！"

用"天龙八步"法帮助孩子远离强迫症

爸爸此时开口说话了:"但是,有时候你抓得太晚了……"我没等爸爸说完,就打断了他的话。

"小黎表达的重点是他体验到'关爱'与'想要'帮助自己脱离了强迫症的困扰!爸爸,你好像习惯性地去看孩子的'缺点',对孩子有许多的'害怕'与'应该',以至于在教养孩子上有太多的焦虑!"我和爸爸如此解释,而爸爸以点头作为回应。

小黎开始明白:理解、关心自己的"想要"是重要的,而不应该一味地给自己强加要求,其他重要的人若也能支持自己的"想要",将更增添一股行动的力量。小黎比爸妈率先理解此奥秘,他仿佛看到了曙光。

"爸爸妈妈,基于'关爱'与'想要'来陪伴孩子,我们可以一同朝此方向前进。这一套做法,我称为'天龙八步'法,这八步是:第一步:帮助孩子厘清他想要什么;第二步:帮助孩子察觉他在做什么;第三步:跟孩子一起去探讨他正在做的事是否对他有帮助;第四步:跟他合作拟定计划;第五步:邀请他对计划做承诺;第六步:没有借口;第七步:没有处罚;第八步:永不放弃。"

"谢谢老师,我们一起努力,在小黎身上实践'天龙八步'法,使他能'心想事成'!"爸爸的话语中充满了希望和肯定。

···· 心理师的暖心话 ····

启动孩子心中的"想要"

　　故事中提到的"天龙八步"法源自美国心理学家威廉·格拉瑟的理论，他以现实治疗法创立者的身份为心理学界所熟悉，他也是一位教育学家，他的理论应用于教育界时获得极大的肯定，尤其当对象是青少年群体时。

　　威廉·格拉瑟的理论中最强调"良好的关系"，无论亲子、师生还是夫妻，唯有建立起信任与尊重的关系，改变才能发生。

　　根据威廉·格拉瑟的形容："在学校里有行为问题的孩子，都只是因为他们跟大人之间的关系不良，从而选择表现出不良的行为方式。这些孩子的心理并没有任何问题，有问题的是大人在尚未跟孩子建立足够强烈的关系之前，试图用强迫的方式逼他们去做不想做的事。他们愈被强迫，就愈抵抗；他们愈不快乐，抵抗得就愈厉害；他们愈抵抗，还未觉醒的大人就愈想用控制的方式来对付他们。也就是大人做得愈多，事情就变得愈糟糕！"

　　威廉·格拉瑟提出七种会摧毁大人与孩子的关系的方式：批评、责备、抱怨、唠叨、威胁、惩罚及利用奖赏控制别人。威廉·格拉瑟告诉大人们要停止这七大控制方式，转而采用七种建立关系的方式：关怀、倾听、支持、协助、鼓励、信任及亲近，最终目标是让大人与孩子彼此联结。

　　故事中所提的"天龙八步"法是以良好关系为基础，引导和激励

孩子启动他心中的"想要",产生自我认同感。下面逐一介绍这八个步骤的核心做法:

第一步:问孩子"你想要什么?"

由大人陪伴孩子去想他想要什么,而非用大人的大脑控制孩子的大脑,这是提升孩子自主性的第一步。威廉·格拉瑟提出:人有五种基本需求——生存、爱、权力、自由、快乐,我们的行为是由这些内在需求驱动的,并期许通过行为满足我们的需求。也许有些孩子能立即告诉你他的"想要",而有些孩子会回答"我不知道!"回答后者的,请大人不要着急,这表示孩子需要更多地探索自己。大人只要在旁鼓励孩子,通过日常的互动协助孩子认识自己,孩子终究寻得见的。例如:当孩子分享与同学相处的事,大人可以专心倾听,再向他反馈想法,例如:"你的好朋友吵架了,你会当他们中间的桥梁,希望帮他们搭建好关系,对吗?"通过日常的互动,孩子会渐渐发展出自己的想法,包括他的"想要"。

第二步:了解孩子正在投入的是什么,即"你正在做什么?"

这是进一步帮助孩子洞察自己的状态,收集实际的现状。

第三步:问孩子"你正在做的事对你有何帮助?"

不仅是孩子,成人面对"想要"时,不一定能马上做到,甚至还会不一致或失控,导致自己身陷其中难以自拔。因此,这一步骤会帮助孩子洞察所想和所做是否一致,例如:孩子说他想早睡早起,实际上却因看漫画而拖延入睡时间。

第四步:跟孩子合作拟定计划

当孩子已经有了目标并评估了他的现状后,再来协助他制定良好的行动计划。大人是以"搭鹰架"的合作方式参与，肯定孩子的处理能力，让他去做力所能及的事情，就算出错或失败，他也能学习宝贵的经验。

第五步：邀请他对计划做承诺

这一步可以请孩子列出支持者的名单，并邀请他们成为计划的支持者，一来将计划公开给孩子信任的支持者，二来支持者也能为孩子加油打气。

第六步：没有借口+第七步：没有处罚

大人们请换位思考一下：当计划失败时，孩子提出借口是正常的，他需要想出一堆理由来面对别人对他的质疑或否定。因此，"天龙八步"法强调没有借口，也没有处罚，不仅如此，大人们需要以同理心去思考孩子失败的原因。新手上路，多多包涵，这是正常的。

第八步：永不放弃

这是"天龙八步"法最重要的精神，失败后再修正做法。锻炼自己比结果更重要。

亲子的暖心练习

◎以同理心与支持对待孩子

当孩子行为有异常时,爸爸妈妈首先不要急着矫正,或是以负面的眼光看待,而应该先以同理心理解,并站在孩子的立场支持孩子,再寻求专业的协助。

◎用孩子能够感受到的方式给予无限关爱

每一个孩子需要的都一样,就是足够的关爱。爸爸妈妈可能觉得自己已经付出所有,给了孩子所有的关爱,但若不是用孩子能够感受到的方式,其实对孩子来说只是一种负担。

◎帮助孩子厘清想要什么,一步步陪伴孩子前进

不管孩子是被强迫症还是其他情绪困扰,父母要做的是陪伴着他找出心里真正想要的,好好运用"天龙八步"法,让孩子能够逐渐认识自我,壮大心中的能量,心想事成。

❓ 好学生也会厌学？如何协助厌学的孩子回到正轨

> ❗ 留意孩子的兴趣点在哪儿，接纳孩子的倦怠感和补偿性行为

我们在做许多事情时，难免会有倦怠感，孩子在学习的过程中同样会有倦怠期，甚至厌学，面对孩子的改变，父母该如何协助孩子找回学习的动力？

小乐的家庭是人人称羡的模范家庭。爸爸是校长，妈妈是老师，小乐不负众望，小学六年来一直是学校的佼佼者。更让父母感到骄傲的是：小乐非常自律，自发学习，没有补习。因此，父母俩给了孩子一个极度开放的空间，小乐就在这样开放的空间中慢慢长大了。

然而，小乐自初二开始斗志逐渐消沉，学校寄了多张警告单到家里，包括迟到、缺交作业等。爸妈轮番讯问、责备小乐，而小乐消极、冷漠地回应。爸妈仅仅知道他厌倦上学，连续请假，甚至不去考试，多半时间将自己关在房间

里，拒绝任何和学习有关的事，却对此情况有诸多疑惑。一天妈妈在无助、忍无可忍之下冲进了小乐的房间，进入眼帘的是：上百本漫画堆积在床边、地板上，小乐躺在床上看漫画。这一幕顿时触动了妈妈多日来压抑的负面情绪，这些情绪像泄洪般倾倒出来……

"原来你不上学、不考试，就是被这些漫画迷惑了……看这些漫画干吗？可以当饭吃吗？买这些漫画花了多少钱？我告诉你，我会在一瞬间让这些漫画消失……"妈妈准备清除这些漫画，这似乎是这段煎熬日子中唯一"可做"的事，好像做了就能"解决"小乐身上无解的问题。然而，妈妈惊觉在旁的小乐非但没有阻止，反而默默无声，眼泪在眼眶里打转，她立刻停下了清除漫画的举动。

"小乐，我们去寻求咨询，看是否能帮助我，也帮助你吧！"妈妈向小乐提出建议，小乐没有表态，似乎是默认了。

再优秀的孩子，也有疲惫的时候

小乐和爸妈一起到了咨询室。爸爸先开口："我和妈妈是学校校长、老师，我们家发生这样的事，身边的人肯定会用异样眼光看我们。我们别无选择，我和太太决定尽我们所能地陪伴这孩子。"眼前的爸爸放下教育权威的身份，表达了孩子发生状况时他们的错愕、失望、生气、担忧和难过，最后他们决定好好陪伴孩子面对人生的低潮。

妈妈也表达了这段时间以来的心情："小乐并不快乐，我不知道该如何帮他，我甚至可能做了对他有伤害的事，他心中若有怨恨，我希望他可以对老师说出来。"

爸妈述说的时候，小乐在旁缄默不语，我决定请爸妈先到外头等候，我单独和他谈话:"小乐，你愿意告诉我今天来主要想和我谈什么吗?"

或许是压抑了好长一段时间，或许小乐认为和我谈起话来没有心理压力，小乐表达了这段时间以来的想法:"我从进入初中后，常常在想:'我为什么读书?为什么考试?'我以前认为这些都是理所当然的，但现在觉得很烦，可是没考到好成绩，我会愧对自己、愧对爸妈、愧对对我有期望的人……我不想继续过这样的生活，却又没有其他选择。就像妈妈要清除我的漫画，我内心觉得应该，又觉得不应该……"

我听见小乐内心存在着很多杂乱又矛盾的声音:"你内心很挣扎，对制度感到疑惑，又对关心你的人感到愧疚。这么复杂的感受，很难消化呀!"

他点点头，垂头丧气地说:"心里很烦的时候，就去看漫画，暂时逃避吧!我知道这样不好，但是我也不知道该怎么办。"小乐一个人独自承受内外的压力，所以我请他说出内心种种的想法和感受，目的是帮助小乐释放内心承载的好几吨的压力。

"小学开始，我就很不喜欢去托管班，每次总是刻意在最后一刻写完作业，到了初中，不用上托管班了，但要上八节课，还常常考试。跟同学约打球都约不到，同学不是要留下来补考，就是要去补习班，生活实在无聊透顶!我爸妈虽然不逼我学习或规定考试成绩，但我会自我要求，分数很低时，我会很难受。有一次考试时，我看着发下来的考卷，密密麻麻的字，看着看着，我心里问自己:'为什么要考这些试?'"

陪伴孩子，让家庭重新联结起来

在某次咨询中，经过小乐的同意，我向爸妈转述了小乐内心的挣扎。妈妈问："我们现在能做些什么呢？"

我说："小乐很需要陪伴，尽可能地去了解他喜欢什么，多给予他一点儿空间，或许会有意想不到的结果！"

爸爸妈妈对望了一下，爸爸说："我可以陪他打球！"妈妈也说："我陪他看漫画！"

之后，爸妈果然身体力行，除了陪伴，还和小乐一起吃吃东西、轻松聊天。

我曾单独向小乐确认他对爸妈的陪伴感到愉快还是有压力。"我觉得气氛还不错，挺轻松的。"小乐如此回应。

妈妈回复说："其实我不爱看那些漫画，也看不太懂，可是为了陪伴他，我每天花一些时间和他一起看，现在略微懂得怎么看漫画了。"

陪伴不只将家人的关系联结起来，也赋予了小乐自信心。这样过了一段日子，果真产生了奇妙的效果：在一次咨询中，小乐对爸妈说："我发现我真正的兴趣是画画和设计，你们同意让我选读美工或设计吗？"

妈妈说："你从小就很爱画画，老师也称赞你在这方面很有天分，你想选这门科系，我是不反对的，爸爸呢？"妈妈的眼神转向爸爸。

爸爸把身体转向儿子："爸爸从小不知道自己想要什么，总是跟着别人的意见走,到了这个年纪了才晓得人是可以有很多选择的,选择了也不一定走到底,但都是人生经验的一部分。儿子,你选择你想要的吧,爸爸支持你!"爸爸拍拍儿子的肩。

爸爸补充说:"至于现在上学的事,你想去就去,不去我们就帮你请假。请假若不成,我们可以申请自学,这方面的事,爸爸都帮你探问好了。"

我看着爸妈如此笃定的眼神,问他们:"你们何来的信心如此坚定地支持小乐的选择呢?"

"我单纯地希望小乐快乐,做自己想做的事!"这是妈妈的想法。爸爸显露出有些得意的笑:"老实说,我是对自己有信心,我们生的小孩、养的小孩,坏不到哪里,而且行行出状元,去做就对了!"

小乐的志向被认同之后,脸上露出轻松喜悦的表情,他和爸妈讨论起如何为未来想选择的美工科系做准备。

父母来做孩子的后盾

经过了数个月,又是全家咨询的时间。

"昨天发榜了!"妈妈笑容满面,想必对结果很满意。小乐慢条斯理地坐下,拨了一下前额的刘海:"我上了美工科。我超开心,爸妈也很开心!"

大家轮流分享了从等待发榜到知道结果的心情。在谈论间,妈妈回想过去的事:"在一年以前,我无法想象今天这样的局面,过去那段难熬的日子让我感觉差一点失去了这个儿子,可是现在我看到小乐每天都好忙,但他是快乐的。"

小乐点点头："我现在为我自己喜欢的事努力着，即便会遇到挫折，这些挫折也变得有意义了！"

···· 心理师的暖心话 ····

了解孩子的内在需求

当孩子偏离了学习轨道，没有学习动力，不想上学，父母心急如焚，在忧虑之外还会产生一股怒气；于是孩子早上准备去上学的时间、晚上该睡觉的时间，常是亲子冲突最易爆发的时候。

面对孩子厌学和学习无动力的状况，父母有很深的无力感。每个孩子厌学的原因不尽相同，需要花些时间慢慢厘清，例如：小乐厌学的原因是对学习感到失望与疲惫，对自己逐渐感到迷惘，在迷惘中又产生了挫折感、罪恶感等复杂的情绪，以至于从现实生活中退场。面对厌学的孩子，父母需要注意陪伴的要点。

当孩子的行为产生了一些变化，父母对其进行说教或外在归因，如："你是不是交了坏朋友？""你是不是网络成瘾？"等等，这种做法不仅无效，而且错失了了解孩子内心的机会，会导致亲子关系更加对立，孩子也错失了学习和成长的机会。因此，父母可以先倾听孩子对学习的感受和想法，可以这样和孩子说："你不想上学，或许你遇到了一些困难，我们一起合作想办法。"

若孩子不想多谈，父母也不要着急地逼迫孩子说出原因，给予孩子需要的空间及时间是必要的："等你想说的时候，再跟爸爸（妈妈）

说，我随时愿意听你说。"

此时，孩子感受到的不是指责，而是爸妈真诚地想了解他、关心他、愿意和他合作的心情。

关心孩子上学以外的其他事

当孩子厌学时，父母最常问"你明天要不要去上学？""你不上学怎么办？"父母想听到孩子愿意去上学的回答，但情况往往不是这样，问多了，孩子的心门就防卫性地关起来了。

"生活"和"学习"是同等重要的。当孩子失去学习的动力时，父母可以留意孩子想做的事是什么。平日交谈时，父母可以轻松地谈谈孩子感兴趣的事，例如："你在玩的手机游戏是什么？""你想给爸爸（妈妈）推荐哪些漫画？"把焦点放在孩子感兴趣的事上，不仅能让孩子感受到关心和接纳，也建立了亲子间的信任关系。

当孩子陷入低落的心情时，会借由某些事物来填补内心的空洞。因此，父母若过于反对、唠叨，不仅会让亲子关系恶化，也会把孩子推向距离面对问题更远的地方。然而，当父母接纳孩子补偿性的行为，孩子的防卫心理会渐渐减弱，父母和孩子才有空间谈论更多生活中的事。

在这段过程中，父母与学校保持密切的联系是必要的。让家庭、学校形成一个团队，彼此沟通、理解，就能对孩子的厌学状况给予最恰当的帮助，学校的支持是父母陪伴孩子过程中的重要辅助。

有一句话说："生命会自己找到出路"。陪伴厌学孩子的家庭，就是在寻找生命的出路，从混沌不明到看见光与方向，这一路上，父母给予孩子的是爱与信心的滋养。

亲子的暖心练习

◎ 了解孩子的内在需求

先倾听孩子对学习或上学的感受和想法，给予孩子需要的空间及时间是必要的，让孩子知道你随时都愿意听他说，并感受到爸妈真诚地想了解他、关心他，并且愿意和他合作。

◎ 把焦点放在孩子感兴趣的事上

让孩子感受到你的关心和接纳，同时也是建立一种可信任的关系。

◎ 接纳孩子补偿性的行为

孩子陷入低落的心情时，会借由某些事物来填补内心的空洞，此时切勿把唠叨、反对当作关心，这样容易把孩子推得更远。

◎ 与学校保持密切联系

让家庭、学校形成一团队，经由沟通、彼此理解，就孩子的状况给予最合适的帮助。

CHAPTER
03

青少年良好的社交关系，是情绪问题的解方

进入青少年时期的孩子，很重视同侪的认同，
这更是青少年跨入社会群体社交的一个很重要的步骤。
但少子化的现象使得孩子的交友方式变得复杂，
身为父母的你们知道该怎么帮助他吗？

❓ 被同学排挤？"边缘孩子"的挣扎知多少

> ❗ 两难抉择时，协助孩子厘清动机并采取智慧行动

很多孩子在学校看到不公不义的事情，怕被同侪排挤而怒不敢言，这种情绪在孩子心里积压久了便会成为问题。身为父母的你们该如何帮助孩子面对这种两难的选择呢？

小柏是初中三年级的男孩，在大人眼中，他向来是守本分的学生及小孩：在校从不闹事，虽在学业上非属拼命三郎型的，但凭着不错的智商加上上课认真，成绩还算亮眼。但就在某天上学的前一天，小柏突然跟爸妈说："我不想去上学了！"

小柏的话强烈地惊醒了爸妈："孩子看起来好好的，为什么突然不想上学？"在爸妈的再三追问下，小柏终于说了："他们没有我，也不会怎么样，反正上学只是去上课而已，我自己在家念书，还不用看到他们，多好，这样不就皆大欢喜!"

小柏的解释好像很有道理,但父母仔细想想:之后小柏会不会像这样遇到问题就逃避呢?于是希望我能帮助小柏处理他心中的结。

当我见到小柏时,他重复告诉我他心中的决定,他说:"我不可能回到学校去,这也是同学们想要的呀!"

找出孩子不想上学的症结点

我请小柏再多告诉我,他和同学之间发生了哪些事导致今天他有这样的想法。

"就是分组做报告啊!组员是我们自己选的,原来我们大家关系都不错。但是在做报告时,分配好的事,他们都不做,不然就是做得很随便;我自认也不是要做得多完美,要得什么高分,可是……如果你看到他们做的,你也会傻眼。后来,我觉得这不可能交得出去,交出去也会被退回的,于是我就从头到尾再重做;我当时也没有计较什么,也觉得他们是不会在乎什么的,所以就自己做完后交给老师。到此,我内心都是平静的。"

小柏喘了一口大气后继续说:"但是……当把报告交给老师时,老师问了我一些话。老师问我:'这作业是你一个人完成的,还是其他人也有共同做?'我说他们有帮一些忙,大部分是我完成的,老师也没再多说什么。哪知过了一节课后,他们几个被老师叫去,再回来时,都给我白眼。我那时心想:'完了,他们一定是被老师骂了。'我还没来得及跟他们解释,他们就摆出对我很不客气的态度,说什么'在老师面前邀功''害我们被记警告''你很了不起'等等。算了，我也不想再跟他们多解释什么……"

我想知道压垮小柏的最后一根稻草是什么，"你们原来是好朋友，最后是怎么闹翻的？"

"我其实有跟他们说过：我并没有在老师面前告密，但他们不听，我就……算了……唉！我们就变成仇人似的，下课打球他们没再叫我，也把我退出群组，好像把我当空气，偶尔还会对我放个冷剑！"

"谢谢小柏，你让我了解到事情的前后脉络，明明是出自好意，到头来还被误会，还被冠上莫须有的罪名，如果我是你，我也会觉得很难过，又很生气。"

小柏感到很委屈、难过、愤怒，却无从释放，只能把它压抑着，能让小柏感到自己可以暂时远离这些负面感受的方法就是眼不见为净了。所以，我的任务就是帮助小柏转变这些思绪和感受。

帮助孩子厘清：是气自己，还是气别人？

我问小柏："在这件事情当中，你对谁感到最生气？是那些同学们？还是老师？还是……自己？"

小柏说："都有，强度不同罢了。老师是最轻的，他就是按照同学犯的过错来惩处吧。同学呢，他们被记过，当然会生气、会不爽，我也可以理解。我对自己，算是最气的吧！"

"噢，你气自己什么呢？"

小柏再叹了一口气："唉，很复杂，我也说不上来。我心中一直想：早知道就不要自己重做那份报告，早知道老师问我的时候就说大家平均分工做的,这样不就一切都没事了吗？"

"小柏,你没有避开这些'早知道',你很自责。当同学对你使白眼、排挤你时,你更是一再提醒自己：你把事情搞砸了,怎么样都弥补不回来。是不是这样？"

小柏点点头,又大叹了一口气。小柏责怪自己为何没有"早知道",我想协助小柏去发现除了"早知道"外还有其他被忽略掉但很重要的想法。

"小柏,你去重做报告时,你是怎么想的呢？是什么原因促使你这么做？"小柏用力挤眉头地思索："我单纯地想说：同学不想做没关系,我可以帮他们做,这份报告只要能交得出去就好了！"

"你是帮同学忙,而且不计较谁做得多谁做得少,这是什么样的出发点呢？是甘心乐意地帮忙,而不是被强迫的,对吗？"

小柏点头说："是啊！但同学说我是自大、爱显摆什么的。"

我打岔："小柏,你也知道同学被记过,因此他们迁怒到你身上,所以他们的看法是有偏颇的。最重要的是你如何看自己,而且要看得正确、合乎事实！"

小柏用疑问句重复了我的话："正确？合乎事实？"

我用肯定句回应他："对,正确又合乎事实！根据刚刚听到的：'你是很乐意帮助完成不了的同学,而且希望报告能交得出去。'是不是这样？"

"是这样！没错！"小柏很用力地点头。

"如果再来一次,你会不愿意重做吗？"

小柏很快地接话："不一定,但我可能会先问他们：由我一个人来完成，可不可以？"

我很认同小柏："你重做这份报告的动机是好的，若再加上你先询问或跟他们沟通你的想法，就天衣无缝了！"

帮助孩子从"好的动机"来了解自己的立场

忽然，小柏拍了一下自己的大腿，像是顿悟了什么："老师问我报告是谁做的，同样地，我并没有想让他们被骂或被记警告，那是老师自己的处置方式！"

此刻，当小柏能从"好的动机"来了解自己的立场，同时也提出"可修正"的是什么时，小柏似乎得到钥匙，将自己从自责的框架中解锁开来，重新获得自由，原来紧绷不悦的表情已渐渐舒展。

在结束咨询前，我想确认小柏之前做的决定有没有什么变化："小柏，明天——"我还没说完，小柏接着说："明天我会去学校！他们总有一天会知道真相的！"

···· 心理师的暖心话 ····

引导孩子清楚面对两难的抉择

小柏因为同学的误会而陷入跟自己过不去以及生同学气的情绪中，通过还原他原始的起心动念，而且相信他的初衷、他的善意，便如拨云见日般使他对自己了解得更清晰，也找回了对自己的掌控感。

然而，同样的情形发生在许多青少年孩子身上，他们对是否应该去通报老师班上所发生的事充满着疑惑。

"同学作弊,我去报告老师有什么错呢?还说我告密!明明是他们自己做错事……但是渐渐地我发现,班上许多同学对我的态度有些转变,我有种被打入冷宫的感觉,我似乎变成了班上的边缘人!我开始怀疑自己是不是不应该这样做!"

这是许多青少年的心声!

当孩子面对眼前的挣扎与困境时,无论是针对作弊,还是霸凌、抽烟、打架、带违禁品,身为大人的我们是选择劝他息事宁人还是鼓励他冒着被孤立的风险跳出来主持公道呢?这是一个两难的选择,也许身为大人的我们更常这样说:"你自己的事都做不好,还去管别人的事,你简直就是吃饱没事做,多管闲事!"这样的说法的确可以省掉很多的麻烦,但同时会不会也促使我们的孩子对周遭的人和事物养成事不关己、冷漠无感的态度呢?

赞赏积极动机,指导孩子采取有智慧的行动

其实父母可以在这时陪伴孩子一起面对这两难局面并对孩子进行引导。首先我们可以协助孩子来厘清其"动机"到底是什么,是属于"积极性"的还是"消极性"的。这样的厘清是非常重要的,因为"积极性"的动机带来建设性的结果,反之则带来很多对关系的破坏力。

所谓"积极性"动机,主要是出于对个人的关怀、对团体的爱护;"消极性"的动机,却是出于负面的情绪及批判和攻击。以同学作弊为例,若是基于对当事人的关心——他是否承受着不合理或过重的学习压力或者他在学习上遇见了困难与挫折,又或是有其他的情绪困扰……若是这样的考量,就是"积极性"的动机。

但如果是对于同学不当的行为感到愤愤不平、心怀恶意,希望他得到应有的处罚,这是"消极性"的动机。在消极性的动机下冲动行事会引发同学的不安,甚至相互攻击,自然也易被贴上"告密者"的标签。

确认动机是否为"积极性"是重要的,除了动机之外,我们还必须考量采取行动的智慧和方法。以同学做了某件违反校规的事为例,虽然是带着积极动机向老师报告,倘若老师却直接找双方对质,显然这样的做法是有很大的瑕疵,不但无济于事,此举还会引发同学间仇视、形成对立。因此,当孩子想要采取行动之前,可以跟他讨论他的想法和做法,降低草率行事所带来的负面效应,有的时候需耐心等候,时机成熟时才能行动。

引用著名哲学家康德的话:"重动机而轻结果",意思是只要一个行为的动机是积极的,行动是有智慧的,结果如何终究不会影响这个有价值的行动。在这偏向于追求表象、结果的时代,我们应协助孩子更多地探究内在的想法和感受以贴近灵魂的深处,而智慧也会从灵魂的深处展现出来的!

亲子的暖心练习

以下提供两个积极的观点与态度,可以作为父母陪伴孩子面对两难局面时的引导:

◎**协助孩子厘清动机**

父母可以协助孩子厘清其"动机"到底是什么,是属于"积极性"的还是"消极性"的。引导和协助孩子树立"积极性"的动机,从而带来建设性的结果。

◎**考量采取行动的智慧和方法**

在孩子想要采取行动之前,可以跟他讨论他的想法和做法,降低草率行事所带来的负面效应,有的时候需耐心等候,时机成熟时才能行动。

❓ 该阻止孩子谈恋爱吗

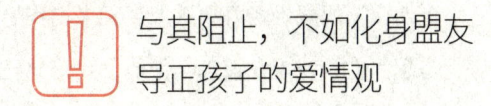

❗ 与其阻止，不如化身盟友导正孩子的爱情观

孩子谈恋爱，辛苦的往往是父母。原因是两者的看法不同，加上男女朋友的感情认知搅和，沟通失去焦点，大大破坏了亲子之间的感情。父母到底该怎么做呢？

来见我的是一位中年妈妈，多年前我曾经陪伴她的儿子皓皓处理他在学校的适应问题，此后皓皓安稳地度过了小学时光。如今皓皓是初三生，妈妈因孩子交了女朋友而担心不已，希望我能告诉她如何面对孩子交女朋友的事。

"好久不见皓皓，他现在在学校过得如何？"

"现在他可是学校的风云人物了，他是学校篮球队代表，参加演讲又出名。"

妈妈在道出皓皓的风光事时，脸上却带着愁容，没有与内容同步的喜悦表情。

"这样杰出的表现一定使皓皓很受同学欢迎吧？"

"没错！事情多得很，他总是不会拒绝别人，也觉得每件事都很重要。"妈妈准备好要进入今天来找我的主题了。"我今天来找你，是想问你：我现在该怎么帮他，我感觉已经有些'失控'了。"妈妈欲言又止，好像很难启口。

"皓皓妈妈，你说的'失控'指的是什么事啊？"妈妈被焦虑不安的心情淹没了，我需要用坚定的态度引导她。

妈妈终于吐露了令她不安的事："皓皓从初二下学期开始交了一个女朋友，我是从他们密切来往的电话得知的。当时他答应我，他不会因为交女朋友而荒废学业。我儿子成绩比对方好，他说他会负责教她功课，两个人会一起学习。"

我接话说："两个人一起结伴读书，这听起来很棒！是什么情况让妈妈陷入担心呢？"

父母越控制，孩子越叛逆

妈妈大叹了一口气："皓皓以前下午六点到家，现在是七点多，这段时间给他打电话，不是关机，就是一堆听起来很不合理的理由，前几天邻居问我知不知道皓皓交女朋友了，因为他们两个在公园约会时被邻居看见有亲密的行为……这就是'失控'了啊！"

"妈妈，你跟孩子讨论过你的担心吗？"我引导妈妈从关注孩子的行为转向亲子间的沟通。

"我叫他要注意不要有越矩的行为，也跟他说对方是女生，要好好保护她。可是我说的每一句话，他都没听进去！"妈妈的口气有些激动。"有一天我忍不住给他的老师打电话,老师告诉我,皓皓交往的这位女生很活泼,曾经和别的男生交往过。难怪我说什么都抵不过这女生的诱惑!"

妈妈的口气更激动了:"我几次想拿起电话打给那位女生,但不知后果会不会更无法收拾,要是打了这通电话,皓皓会对我更加防备,所以我暂时打消了这念头。可是,接下来我不知道该怎么办了。"

"我可以了解你的心情,想到他们的交往你会忐忑不安,但是你明白:若用绝对的'控制法'可能会带来破坏,而不是带来好的建设。"正在经历沮丧的妈妈需要这样的肯定和鼓励。

鼓励和支持才能与孩子建立信任关系

放弃了控制法,其他方式又毫无影响力时,妈妈显得非常沮丧。因此,我能做的是协助妈妈重获与孩子之间的信任关系。

"妈妈,我必须再次肯定你,你把跟孩子的关系视为首要,你并不希望孩子对你是防备的,对吗?"

妈妈点点头:"是啊!我希望孩子能跟我无话不谈。"

"儿子交往女朋友这事,你多半是替孩子踩刹车,但他因此更用力地加油门。身为一个驾驶教练,你不能做这样的事,否则车子会一直空转。"妈妈专注地听,也不时点头。"他是驾驶新手,需要你多鼓励他、肯定他,逐渐接受你是他的驾驶教练,才会把他的疑惑提出来,和你分享讨论。"

"具体来说,我现在该怎么做呢?他晚归时,我要怎么办?他和女生的交往有过度亲密的行为,我可以管吗?"妈妈迫不及待地抛出眼前的问题。

"妈妈,你曾经告诉过他,你支持他交女朋友吗?"

"当初他告诉我不会影响课业,我才答应的。这样算吗?"

"听起来并没有由衷地肯定和支持,而是有条件地交换。现在,我请妈妈再想想:这个年龄的孩子,对异性感到好奇,想要交男女朋友,是不是再正常不过的发展?"

"但是要单纯地交往,不要最后让父母出来收拾残局,或者自己身心受创。"妈妈的心思依然放在"问题"上。

发自内心的支持可以获得更大的沟通空间

所以,我再引导她转向"方法"上:"没错,他们有认识异性的动机,不代表他们知道该怎么互动、怎么交往,他们也需要大人给予适切指导,充当他们的感情顾问。"

妈妈没有插话,我继续说:"前面的戏失误了,需要再重来。不过新的戏是要讲求'内心戏'的:妈妈要有发自内心的真诚,希望他们好好学习交往的功课,这样才能使他们受惠无穷。"

"我要告诉他们,我支持他们,我可以当他们的感情顾问,这样吗?至于那些我说到嘴巴破的事,就不要再说了。"妈妈似乎抓到了核心想法。

"是的,'交男女朋友是正常事,但要好好学习交往的功课'是核心价值,你继续坚守着。例如:孩子因约会晚归了,你可以表达这是他约会的时间,你是很祝福的,但同时重申遵守约定好的回家时间对你很重要。再来,你也可以关心他在与女朋友的交往相处上有没有遇到什么问题。"

"我明白你的意思，这样做是让他感到实际的行动支持，对吧？"

"嗯，无条件的支持可以获得更大的沟通空间，这不也是你期待的吗？"

"但——会不会因为空间大，他会提出令我招架不住的要求？到时我该怎么办？"妈妈想到这样的可能性赶紧提出来。

"一定会，因为他是新手驾驶啊。第一，仍然要肯定他对你出于信任所以才会向你提出要求；第二，中肯地提出你的想法；第三，如果他不太认同你所说的，就陪伴他一起来探索答案吧！"

"新手驾驶，要多多包涵！"皓皓妈妈的领悟又加深了！

···· 心理师的暖心话 ····

关于恋爱，孩子过程论≠父母结果论

"初高中生可以谈恋爱吗？"这话题很新鲜吗？答案是：并没有！起码在三十年或更早之前就有人在讨论它；然而到了现在这个时代，它仍然具有话题性——在父母、青少年心中引发不少的激荡又常难以启齿，一旦开口却又容易形成对立的话题。

"除了考虑到学业无法兼顾，我希望孩子能比较成熟稳定后再谈恋爱，减少不必要的摸索与冲击。"这显然是许多父母常抱持的想法。

"又不会怎么样！"这就是青少年的反应了；大部分的青少年没

想这么多，他们多半视谈恋爱为人际关系的延伸，能独享、更亲密，抑或是对自我认同需求的满足，证明自己有魅力。

以上双方对立的状态，岂不是像足了一部车子同时启动刹车和油门，难免发生甩尾，在高速下还会失去动态平衡而失控呢！皓皓妈妈就在这濒临失控的情况下，赶紧来求助，避免自己走上失控一途。

为何"谈感情"却伤感情？最重要的原因是在于双方分别以"结果"和"过程"为焦点，从而产生了分歧：父母的着眼点在于"无法挽救的结果"，青少年的着眼点在于"谈恋爱很正常，别管我，句号"。

什么是"过程"呢？就是从执着于可以或不可以的思考转为"好好地谈一场恋爱需要学习什么或做何准备？"大人不会阻止孩子学走路，却会担心孩子谈恋爱。但这两件事都是孩子的自然发展，不同处在于学走路不需要特别教，时间到就会了，但谈恋爱需要学习的事情可多得很啊！

在咨询时遇见的青少年案例中，可以更为确定谈恋爱这档事是需要学习的，且每一项其实都是一门大学问啊！因此倘若全然禁止或无人闻问，都是迫使孩子独自面对和摸索，加上现在网络信息刺激泛滥，很容易扭曲年轻孩子的价值观，使他们处于更险之地。

因此，在孩子要进入或已进入谈恋爱阶段时，父母可以引导及陪伴孩子一起来思考几个问题，这些问题能让孩子理解——好好地谈一场恋爱需要具备什么样的能力呢？

是爱，或是迷恋？

许多人都向往爱情所带来的甜蜜，然而，人们能分辨得出是真爱还是迷恋吗？曾经听过这样的说法："我跟他在一起一个月，现在已经对他没有感觉了！"又或是在网络上结交的网友，没多久——一天或更短就快速地宣称已是正在交往中的男女朋友。把这样的关系状态与爱画上等号，是否太轻率了些呢？这情况的发生乃是基于个人心理上的投射，在认识有限且并不清楚那个人是谁的情况下，已经先认定他是心中理想的对象了！而且疯狂地爱上这个形象。

迷恋除了短暂，也是带着"以自我为中心"的心态与对方交往，如："我喜欢你是因为你长得不错，带在身边感觉良好"。

当要进入爱情的大门时，傻傻分不清是爱或是迷恋，这也是正常之事，因此，在预备进入恋爱前，先好好学习"爱"这似小实大的功课是不容缺少的！

如何经营彼此的关系？

"他跟我告白，我答应了，但是我不知道接下来要怎样。"

当爱神丘比特完成他阶段性的任务，让两人一瞥其中的美景之后，他并没有负责售后服务，而接下来就是双方的事了。双方必须承担起爱情的工作；倘若没有得到持续经营与滋养，爱情自然就容易枯萎。

关系的经营最重要的是两人愿意共同为关系而努力，包括学习更多了解对方、经常沟通对话、学习如何协调彼此不一致的意见。这是一门关系课，因每个人的成长经验不同，自然看待关系的角度、想法和价值观、沟通的方式都不尽相同。正在经历这阶段的青少年，他们最常问的问题是："他（她）到底在想什么？"发现彼此不同也是一个互动的开始，接着会问："我要怎么跟他（她）沟通或相处呢？"

着重于两人之间的关系外，培养自己的独立人格也是不能忽视的。倘若你一味依附在对方身上，或是对方一味地依附在你身上，无论关系或个人其实都是仍旧停留在原点而没有成长及成熟的。

吵架、分手，该怎么面对？

"我跟他分手不久，他就跟其他人交往，每当下课在走廊上看见他们俩十分亲密的样子，我——很——不——能——接受。"此事一直在心中盘旋，无法释怀，心如刀割。

恋爱这门课不能只学一半，却把另一半令人难受的课题给放一边。毕竟每份关系都一定有高低起伏，或是终止的时候。在这范围内，包含：关系是不是走到了尽头？该不该分手？提出分手而伤害到对方怎么办？该怎么提分手呢？分手了该怎么走过情伤期呢？

是不是每个问题都不容易解答及解决呢？是的，但虽不容易，却也是再一次对"爱"的深刻学习！尤其当孩子已经进入对谈恋爱向往的阶段时，父母不妨将莫名的焦虑转为积极的思考："要祝福孩子谈恋爱成功，我该怎么做呢？"同时保持跟孩子开放的对话，才能让亲子关系不会因为"第三者"而破坏。记得！孩子谈恋爱时，父母是盟友，不是敌人。

亲子的暖心练习

除了引导孩子在"谈恋爱"这件事上所必须思考及装备自己的能力，若想要进一步跟孩子谈论这些话题，可掌握以下四个要点：

◎ **先做好心理准备，保持开放的态度**

跟孩子谈论恋爱交往的话题时，保持开放态度是首要。当孩子觉得可以无话不说时，或许会说出让大人意想不到的事。例如：告诉父母同学中有些人早有性关系等等，相信这会让许多父母惊吓不已，因为这原本就是他们最担心的。

因此跟孩子对话前，要先做好心理准备，例如：当父母听到尺度大开的事，提醒自己深呼吸，保持镇静，允许孩子说出内心真正的话或对事情的想法及立场。"对于同学所做的这些，你的想法呢？"父母常常在了解孩子想法后，反而能放下心来，理解了孩子不是自己想象的那般懵懂无知，他们其实知道事情的分寸或该如何保护自己等。

◎ **不预设立场地了解孩子对谈恋爱的想法**

父母最害怕的是孩子被爱冲昏了头，实际上孩子的爱情观可能跟父母想的不完全一样：有些孩子想要的交往对象是可以做伴的,追求的是细水长流型的;有些则喜欢轰轰烈烈,高调放闪,炫耀自己交往的对象。

跟孩子谈谈他对恋爱的期待,了解他的想法,一方面帮助他厘清自己的想法,另一方面也是在帮助父母澄清自己的预设想法。

◎**要关心而不是担心,把疑虑化成问题**

当父母内心有许多疑虑时,不妨将它们化成问句跟孩子讨论。譬如问孩子:"如果现在谈恋爱,你觉得会有什么影响?"或是"因为一心很难二用,而谈恋爱和课业都要投注很多时间和精力,这样一来对课业会不会造成影响呢?"

父母也可以借用年轻人的话来开启对话:"妈妈听过,男女生在一起,有所谓的晋级跑垒:一垒是牵手,二垒是拥抱,三垒是亲吻,还有最后的全垒打。如果是你,你可以接受几垒?如果你不想要,你会怎么处理?"孩子听到这个比喻,多半会觉得妈妈很上道,双方就可以在不同垒包之间讨论。

除了专心听孩子发表的想法外,父母若有实际的经验,也可以分享自己的所知,提供给孩子参考。要记得在冷静客观的情况下做分享,摆脱焦虑的心情及口吻,孩子多半会好奇聆听,觉得父母提供了另一种信息和想法,慢慢地也会影响他们的想法和价值观。

当父母积极地把疑虑化成开放式问题抛出来之后，便能引领孩子反思，不断去觉察和检视自己的状态，这样就已达到激发他们思考的目的了。

◎当孩子的"感情顾问"，提供必要的协助

故事中提到父母的角色之一是"感情顾问"，就是对孩子的不足提供必要的指导，包含有关的两性教育。例如：孩子有心仪或交往的对象时，可以问问他们：欣赏对方的哪些优点？对方是什么样的个性？两个人相处时有碰到哪些问题？从另一双眼睛帮孩子认识对方，了解自己，如此一来，也帮助孩子认识两性间的差异以及学习跟不同个性的人的相处。

❓ 孩子发生人际冲突怎么办

❗ 有效能的冲突处理方式不是"归咎"而是"倾听"

孩子在学校与同学互动,宛如身处一个小型社会,既然有互动,难免就有冲突产生,此时若不好好地协调处理,久而久之就成了校园霸凌。身为父母的我们,在碰到孩子人际关系不顺利时,该怎么做呢?

这是一个属于小学高年级的咨询团体,成员有四位:小凯、小恩、阿仁、小宇。每星期固定某一天,我会和这群孩子见面。他们来到团体的目的是学习人际互动。在一次咨询过程中,发生了人际的冲突……

大伙正在进行活动中的题目问答时,小恩是唯一答对的一位。小恩看着小凯等人,掩嘴而笑:"哈哈,只有我答对!"

小凯很讲义气,常为朋友打抱不平,对其认定的"不讲理者"则难于容忍,常"以暴制暴";而小恩则因为他的"冲动"情绪反应,常常踩到小凯的红线。小凯听见小恩的笑声，随即站了起来，比出摩拳擦掌的手势，走向小恩："你想怎样？"小恩也不甘示弱，瞪着小凯说："怎样？"

在冲突一触即发之时，我以强烈的口气吼了一声："有什么事请说出来！"这一吼声顿时让两人身体保持住一小段距离，小凯的挥拳动作定格在半空中，小恩则侧身站立，两人僵持着。

发生冲突时，先了解孩子愤怒的原因

"发生什么事？小凯你在气什么？"我站立在他们中间，一来是要阻止他们可能发生的肢体冲突，二来则是协调他们的冲突。小凯先把挥在半空中的拳头放下了，却抿住嘴唇、斜眼注视着小恩，我问他："你的拳头要告诉我们什么？"

"他自以为了不起啊，还嘲笑别人！"小凯说出部分心里的想法。

"你很不高兴他对你嘲笑。"我重复他的话，眼神转向小恩，示意他有所回应。小恩有点结巴，但仍努力地把话说完："刚刚……他也有笑我，他们两个人……在……窃窃私语，看着我……不停地……笑。"小恩指了小凯和另一位成员——阿仁。

小凯开始摇摆原来僵硬的身体，然后与阿仁对视，笑了几声。我见小凯一百八十度转换了原来气愤的态度："小凯，你说小恩嘲笑你，在此之前，包括此时此刻，你也嘲笑他，虽然我不知你到底在笑什么，但是感受到的是一种不友善的态度。"

小凯抱住肚子笑得更大声了，一手还指着小恩，在旁的阿仁也是如此。小恩涨红了脸："你看，他们摆明就在嘲笑我！"

"小凯，你刚刚很气小恩，你觉得他在嘲笑你，你也同样做了此事，这不就是……"我话还没说完，小恩帮我接了："双重标准！"

试着解开孩子的心结，怨念就迎刃而解

我把我所观察到的客观现象描述了一遍，小凯收回了他的笑声，脸色转为严肃："我看他不顺眼已经很久了。"

"小凯，你的嘲笑事出必有因，对吗？什么事让你不顺眼？一股怨气放在心里面，不好好处理就变成坏脾气了！"我说。

小凯看着我，拨弄前额的头发，我也看着他，等待他的回应。在旁的阿仁帮腔说："刚刚团体活动开始之前，小恩和我们掰手腕，他输了，他不服气，对着小宇比拳头，还用脚去踢了小宇一脚。"

我转向平常就很安静，此时此刻同样在旁沉默不语的小宇，向他确认："小宇，你刚刚有被拳头威胁，还被踢一脚吗？"

小宇点点头说："有！只是我不想跟他计较。"

"小凯，是因为小宇是你的好朋友，你为他打抱不平，所以想找机会来整整小恩，是这样？"他点点头同意我的说法。阿仁为这过程做了一个摘要："小恩刚开始不服输，用拳头威胁小宇，还踢了小宇一脚，小凯还有我不爽小恩做这样的事，就一直针对他，找他麻烦，结果他就对我们不爽，我们答错，他嘲笑我们。老师，这是不是叫作冤冤相'爆'？"阿仁做出一个爆炸的手势。

我看了一眼小恩，他面带不好意思的笑容，再看了一眼小凯，他脸上露出了不带威胁的放松的微笑。爆炸性的气氛已过，换上了平静又带着"未竟之事"的气氛。

"谢谢阿仁为我们做了这总结，大家要补充什么吗？"我问大

家。安静的小宇说话了："我觉得他们两个要互相道歉。"小凯接着说："小恩也要跟你道歉啊！"阿仁说："我也要跟小恩道歉，因为我在他背后说他是非，并嘲笑他。"阿仁率先转向小恩说了一声："对不起！"接着，"对不起！"这三个字在这群人中交叉发出。

心有千千结，不解开，就落入了冤冤相报的状况，他们愿意解开，彼此的关系又联结起来了！

···· 心理师的暖心话 ····

团体就是小社会，如何学习社交技能

咨询团体就像是一个社会的缩影，提供真实的关系脉络。带领团体者在当中有机会直接针对孩子个人内在的心理议题、同侪或师生间的人际互动，做实质深入的观察、了解与介入。在团体中难免会发生成员之间的冲突，具有专业经验的带领者会视此为成员最佳的学习机会，引导他们学习去理解他人及自己。反之，同侪间的冲突若未适当地处理，也易留空间使之恶化为霸凌问题。

家长及教育人士都很关心的校园霸凌问题并非一两天造成的，而是在被忽略和缺乏良好解决策略的情况下，问题日益加深，双方关系裂痕愈来愈大，甚至对其中一方（被霸凌者）或双方产生很大的心理创伤。在霸凌者眼中，被霸凌的同学"罪不可赦"，例如：他不识相，他的行径难以忍受；他不合作、爱搞破坏、表现出低度的利他行为、很自我。当不满情绪加深时，霸凌者可能会做出暗中的或直接的

霸凌行为。其他中间分子，虽然比较起来，并没有极大的愤怒情绪，但基于对势力较大团体的认同，避免被归为"特殊分子"后在班上难有立足之地，他们较可能选择与班上想法一样的多数同学联盟。

引领孩子倾听彼此的情绪或想法

老师这一角色在学生的人际冲突中具有举足轻重的分量，他可以是很好的阻断剂，使同侪之间的冲突化解，并学习着和谐相处。然而，他也可能是催化剂，使同侪之间的战火不断蔓延。"压制""忽略"的做法就如同催化剂："压制"的方式，就是将双方各骂一顿，或警告双方，最后演变成同侪之间的冲突不但不减，反而转明为暗；"忽略"的做法就更不用说了，忽略问题往往使"强者更强、弱者更弱"，甚至弱者到最后来个"大反扑"，自伤或伤人。

班级中人际冲突解决绝对不能简单地将责任推给任何一方，有效能的冲突处理方式不是"归咎"而是"倾听"。最好的介入方式是"班级或团体辅导"，必要时搭配针对霸凌者及被霸凌者的"个别咨询"。一两次参与班级或团体辅导是不能解决问题的，但是长期加入班级或团体辅导绝对是有效的，而且能带给孩子无论是在价值观、人际互动还是在个人成长上的明显的帮助。

每个青少年都期待能找到相投的朋友，在寻觅的过程中，难免会焦虑、会失落、会冲突，当他们投入这样重大的任务时，让我们适时、适宜地协助他们走过这过程吧！

亲子的暖心练习

班级或团体辅导的领导者可能是导师,也可能是咨询心理专业人员。以下为父母让孩子参加家庭、班级或团体辅导的目标和做法:

鼓励孩子参加班级或团体辅导,让孩子可以在被接纳的环境中说出他们不满或委屈的情绪,以抒发累积的负面情绪,并能学习去倾听别人不同的感受和想法。

当孩子参与班级或团体辅导时,带领者可以协助学生认识跟自己成长背景、个性、能力等不同的同学,并且进一步地教导孩子们学习与自己不同的人相处。

当霸凌者及被霸凌者其中一方是特殊生时:通过参加班级或团体辅导的方式,让孩子了解这位同学的特殊情形,也能渐渐缓和孩子对他产生的敌意。要特别提醒的是,这么做不等于是在为这位学生贴上任何标签,反而是正面协助孩子了解和接纳这些特殊的学生,所以无论是带领者还是父母,其正面态度和正面想法是绝对重要的。

无论是在家中，还是参加班级或团体辅导，可以让孩子通过各自的语言表达将冲突的事件还原，此做法称为"倒带法"。在冲突中，人们常会替自己的行为找到合理化的理由："是他先……我才……"，所以在处理过程中，将冲突的事件像录像带倒带一般，慢动作般地去了解冲突过程中的每一个细节，这样才能厘清楚每一个行为的循环因果关系。使用倒带法的目标不是在"定罪"，而是在"理解"。

父母可以邀请孩子使用角色扮演的方式来学习并练习新行为：事件若再重来一次，孩子会使用哪些更好的选择及问题解决的策略呢？

父母可以选择"班级或团体辅导"搭配"个别咨询"同时进行的方式，会有更好的效果：在个别咨询中，专业的咨询师或辅导员会协助特殊的学生或情绪受创的学生去探索内在较深层的问题，此问题可能和成长经验有关，接着进一步地去引导孩子学习处理受伤的经验和情绪。

❓ 孩子总找借口，该怎么让他体验人生的美好

> ❗ 孩子心中隐藏着高期望，亲子互动多说"YES"取代"NO"

当孩子用"但是……"绑架亲子关系时，父母该怎么处理呢？其实，"但是……"的背后很可能是孩子隐藏的对自我的高期望，这时父母不妨从"玩"开始，逐渐引导孩子克服过去学习的负向经验，体验人生的美好。

阿真，刚从初中升到高一的女孩，锲而不舍地要求父母替她转学，理由是她不喜欢现在的学校：同学素质不好、老师对学生管教松弛、没有她喜欢的社团。父母很迟疑到底要不要听从阿真的要求，父母顾虑的原因是阿真经常提出类似的请求：初中转学过两次，从小学习才艺几乎都半途放弃，并且常听到她对环境、对外在人和事物有诸多抱怨；最困扰父母的是，当她起了这样的念头后，就会停止所有的努力，变得消极、逃避。

父母认真地想过许多导致阿真容易抱怨和放弃的原因，

其中一个是阿真对自己缺乏自信,但无论怎么劝,仍然转变不了阿真的想法。于是,阿真父母邀请她来咨询,想让阿真好好想想她真正想要的是什么。

探讨隐藏在"但是……"背后的原因

我请阿真说说目前最困扰她的事情是什么,她低头看了一会地板,说:"我想要转学,在我进入这所学校之后,才发现跟我想的差很多。早知道是这样,我一定不会选择这所学校的……"接着阿真细数了她对这所学校的不满。

阿真说了很多,我在细听之后一一跟她厘清她的想法。首先针对她提到的人际关系,我说:"你说刚进入这学校时,跟同学可以打成一片。几星期过后,他们就有小团体了,你觉得渐渐被排挤在外,是这样吗?"阿真点头说:"是啊,本来很热络的,后来就没有那么热络。"

"所以,对于交朋友,你的期待是同学多主动一点,是这样吗?"

"嗯,我希望有一群兴趣相投的同学,如果是这样,我就会主动。但我们班就不是啊,他们的兴趣都跟我不一样,而且我觉得他们都很幼稚,还像是初中生。"阿真语调有些激动地表达着。

我尝试着对阿真的现有框架给予挑战:"能很快交到兴趣相投的同学固然很好,也许可以再多花时间主动去认识以及了解他们,当深入时,往往就会有新的发现,你觉得呢?"

阿真停顿了一下说:"能交到不一样的朋友是很好的,但是……对我来说就没办法,我不知道要跟他们说什么。"

阿真要接受新挑战或新尝试是不容易的，不只人际关系，后来跟阿真谈论到的社团选择、对老师的要求等，阿真都会以"但是……"来拒绝跟以往不一样的想法和做法："但是……都没有我要的社团，去了是在浪费时间。""但是……这学校的升学率就很差啊，再读下去恐怕就不能去好大学了！"

别让"但是……"限制很多美好的事

在一来一往的对话中，我发现阿真以许多外在环境作为借口来拒绝"一场场的人生冒险"。她对自己有高期望，也有高目标，这皆非一蹴而就的，然而她怀疑自己的能力，于是就出现各样的外在障碍因素；她想寻找捷径来达到目标，例如：转学。然而这样一来，阿真就一直错过生命要给她的礼物，包括她原来所设定的期望和目标。

用谈话去反驳阿真的"但是……"是没有用的，这样一来，阿真会出现更多个"但是……"。于是，咨询的目标是要陪伴着阿真走入愿意付代价、吃苦的路。在某一次的咨询中，我这样对阿真说："阿真，你的'但是……'对你而言是真实的，但同时你也被它限制住了，你知道它如何限制你吗？"她耸耸肩表示不知道。

"它限制很多美好的事在你身上实现！"我语气特别强调了"美好的事"，再继续说："你是有理想、有目标的人，若能脱离'但是……'的说法，你会离你的目标更近。我这里有一个——计划，你要——不——要听听看呢？"说到后面，我故作神秘，想引起阿真的好奇。

果不其然阿真露出"我想知道"的眼神："那是什么？"

"这是一个叫'玩、练、生'的计划！"

阿真瞪大眼注视我："玩、练、生？这是什么？没听过。"

运用游戏让孩子克服学习的负向经验

我大略描述了"玩、练、生"：对于我们想追求的事，要从玩游戏的心态开始，感到好好玩，接着因为尝到好玩的滋味，就会想要锻炼；经过锻炼能获得更多诀窍，就会愈好玩；不仅好玩，而且还不知不觉地朝向专精的路走，路就活起来了，还会生生不息呢。从好玩过渡到锻炼是一道门槛，若有人陪伴，或有教练指导，就容易跨过这个门槛了！

我举了自己的例子给她听：我原来有一辆脚踏车，常骑着它乘着凉风，悠闲踩踏，欣赏两旁的景物；后来认识了一群爱好骑车的朋友，在他们的鼓舞下，我换了一辆性能很不错的车子，也在他们的指导下，挑战有坡度的道路。起初是喘不过气下来推车，后来知道如何调整呼吸等技术，最后还骑上台北的阳明山呢！我迫不及待地把手机里的相片拿出来给阿真看。

阿真听了我的分享，有一种想要尝试的表情："我倒想要玩吉他看看，我以前有学过一阵子，后来停了。"我听见她用"玩"来形容她的目标了。

我带着兴奋的语调回应阿真："你回去把吉他拿出来玩玩，一手按弦，一手拨弦，弹出和弦，一段时间后你觉得好玩，也许可以请我们的老师来指导你哦！"我们的老师是指一群经过心理师培训的学习辅导老师，目标在于陪伴学习，克服过去学习的负向经验，如：缺乏自信、动机或缺少学习方法。

阿真接受了这个计划，经过一段时间后，"但是……"的说法借由"玩、练、生"计划慢慢被取代了。她从玩吉他中尝到了好玩的感觉，也逐渐获得了成就，并交到了一些玩吉他的朋友。

我对阿真说："恭喜你啊，你找到了这把钥匙！它可以用在你的生活、生涯以及生存的各种技能上，建立起一个非常有动能又精彩、生生不息的人生！"对于转学的事，阿真也不执着了！

···· 心理师的暖心话 ····

亲子互动多说"YES"取代"NO"

"玩、练、生"事实上是一把通过体验去展开人生的钥匙，它带来的是生命力。

花几分钟想一想：距离上一次对一件人、事、物，眼中有光且内心激昂地说"YES"是多久以前的事了？再想想，家庭及个人总是过着日复一日乏味的生活吗？是否也常从孩子的口中听到"好无聊哦！"这些若是现在的写照，这正象征着在不知不觉中，我们已被禁锢于停滞的生活里，无感的态度亦正侵蚀着失去动能的我们，包括我们的孩子。

对于心中已失去动能的孩子来说，不只是"好无聊"而已，问他"你想要什么呢？"最可能的回答是"不知道！"若提供选项"你想要××吗？"通常听到的回答就是"好无聊，不知道，我不要"，或是抱怨的话。循环式反应的结果仿佛成了死寂一片的废墟，没有生产力，更不要说创造性了。"耍废"似乎也成了时代的潮流。活动力明显愈来愈少,一切就好像是等到结束为止。

换个角度想,在我们的孩子还没开始耍废人生之前,我们是否曾经对他所提出的问题或需要多半给予"NO"的反应呢:"这个不行、那个不行啊!"又或是对他提出要求:"你要好好学,父母可是花了很多钱在你身上的。"或要他拿出学习的成果,补习或才艺课一结束,就问他:"今天你有没有认真上课?你考试成绩如何?"或者对他所参与的任何事不闻不问,也没对孩子分享参与过程中的各样经验细心聆听呢?

如果父母这么做:对孩子的分享充满着好奇与活力,仿佛参与在其中,如此一来,肯定会让孩子感到心花怒放,信心与斗志都会加倍提升。

因此,孩子口中的耍废或诸多抱怨,或许是由于以上所述大人曾经对他说"NO"多于"YES"好多好多,导致他容易感到沮丧,并对会吃苦的事干脆也说"NO"的态度。

当然,也有无法对孩子说"YES"的特殊情况,就是当对孩子本身或他人有所伤害时,就必须说"NO"了。说"YES"除了像以上所提的可以带给孩子及周边的人活力外,通过去体验人生各样的事,对自己的人生也是一种扩张,并更有创造性,会使自己及孩子远离无聊。

亲子的暖心练习

父母了解以上所提"YES"的好处后,心中是否仍存着许多的疑惑及担忧呢?除了伤害的事以外,难道对任何事都要说"YES"吗?假若我对孩子说了"YES",他也去做了,到头来摔个满头包怎么办?说"YES"是要一味地附和孩子,迎合他吗?

说"YES"可说是一门艺术,没有全对与全错的答案,重要的是它带领你和孩子一起去学习、体验这趟旅程,是从脑降到心,再从心反馈到脑的历程。说"YES"时有几件事是我们必须知道的:

◎对与他人的共同创造说"YES"

当有人提供你建议或机会时,这时候说"YES"就是接受它,并且加上正面的建设意义,这不仅是和对方一起创造出更好的、更有创造性的事,也维系了和他人间良好的关系。举个例子,假如孩子对你提出说他要跟同学去听偶像的演唱会,你说"YES"是因为你认为跟同学从事正当的活动是件开心又可以增广见闻的事,同时你可以提出你的顾虑及可以解决的方法,例如:演唱会的票不便宜,父母可以赞助一半,另一半由孩子的零用钱或压岁钱来支付,或分期付款等等。就这样不但接受了孩子的请求,并加上了父母的想法意见,最后创造出来的结果是整合的,超越单单一个人的想法。

◎用视任何发生都有其意义的态度说"YES"

我们常被所谓的成功、竞争、追求快乐限制了许多的体验,因为我们担心会不会失败、会不会被拒绝、会不会很麻烦、很累,因此我们却步。殊不知失败、挫折、沮丧、拒绝和成功、快乐都有着相同的意义,例如"失败乃成功之母"这句我们从小就耳熟能详的谚语,不就是这个意思吗?"危机就是转机""柳暗花明又一村""塞翁失马,焉知非福"……还有许许多多哲理名言皆道出同样的意思。然而人不喜欢受苦是天性,但苦的转化可以成为能力及能量的获得,例如:运动就是接受一连串的动作程序及技巧的训练,持之以恒,最终获得健康、健美,还有某项运动的技能。所以,让我们面对任何酸甜苦辣的事时,带着冒险心和幽默的态度来说"YES"吧,这将使我们的人生更丰富也更有包容力。

◎投入并用心地说"YES"

说"YES"很容易,但我们的心和行动必须跟上节拍。也就是当我们说"YES"时,心里对此事许下了承诺,而承诺并不是将精力放置于最终的结果,而是融入于过程中。凡是帮助别人、挑战自己去做未曾做过的事等等任何各样的小事,皆把一点一滴的情感投入于中,且完全专注于此时此刻;例如:在跑步运动时,去感受自己的呼吸心跳,感受自己大小腿的迈步、身体的温度,然后感受风吹过身边的当下等等。如此一来,我们才会发觉现在的瞬间如同鱼儿悠游大海一般快乐,并非度日如年。因此,用心去体会当下所发生的一点一滴,生命渐渐就有了温度,而且会感染身旁的人,包括你的孩子。

❓ 在团队中受挫，如何帮助孩子回归团体生活

❗ 正视受创伤孩子的情绪反应，陪伴和倾听比提供解决方案更重要

即便是人际关系受挫的孩子，在成长过程中，内心仍然很渴望同侪的支持。因此，孩子在成长过程中遇到人际挫折时，父母该怎么做呢？如何帮助孩子回到社会团体中开启正常生活呢？

以下是两则发生在大男孩团体中的故事。

团体成员有六位，皆是初一、初二年级的大男孩。在这空间以外，这群大男孩曾经遭遇很多的挫折，有些学习受挫，有些关系受挫，他们被否定、被指责、被边缘化。每星期团体聚集，学习交朋友的技能。

在这团体中，他们被允许很自在地表露出他们的喜悦、悲伤和愤怒，因为这空间很安全，还有有趣的活动。他们加入这团体，期待着能交到朋友，能有人和他们互动，能在这短短的九十分钟尽情放松！更重要的是这空间提供了他们被

了解、被接纳的环境,他们很开心;同时也因为如此,他们曾因受创而累积的情绪常常也在这安全的氛围中显露出来。

这一次的团体聚集,我倚靠在门边,看着他们有的在地板上翻滚,动作迅速地将对方的脚抓住,接着一方身体叠上另一方,下方的那位则用力挣脱逃开;有的在旁边兴奋地看着,正等待着机会加入。在另一个角落,有另一位大男孩,他选择离奋战中的人群远一些的距离,摊开四肢,呈"十"字形平躺在地板上,眼睛闭合,口里碎念着"我好累哦!"

当他们尽兴地互动时,我手上拿着近来一张我认为震撼全世界的照片——那张"来不及长大的落难天使伏尸海滩"的放大版照片。照片中一名小男孩俯卧在沙滩上,海浪不停地打在他身上,当救援人员将他抱起时,小男孩早已没了呼吸。这名小男童是时年三岁的艾兰(Aylan),来自叙利亚,他和父母及五岁的哥哥加利普(Galip)一起乘船逃往希腊科斯岛,他们被称作"难民"。但出海后不久,他们所乘坐的小船在海中翻覆,造成十二人死亡,艾兰和哥哥、母亲都葬身大海,只有父亲一人活了下来。

正视受创伤孩子的情绪反应

大约十五分钟过去后,我请他们暂停并围坐靠向我,同时刻意将这张照片掩盖起来,制造一些神秘感也许可以引发他们的好奇。

果然他们很快地注意到了被我遮掩住的照片,有人开始说:"这是什么?我要看!"说完就冲动地伸出手来想从我手上抢去,我也握紧了那张照片。无法让他们等待太久,我把照片摊开来:"来,看一下这张照片,大家看过吗?"我边说边观察大家的反应。

他们的反应和我预期的有些差距,我预期他们会安静下来,目光会盯住照片,脸上会有被震慑住的表情,接着会有很多疑问;然而,他们停顿的时间不到五秒,接着从一个大男孩阿哲开始,爆发出嘻哈的笑声,一个传一个,大家的目光早就从照片移走。

"你们看到什么?想一想这照片的主题是什么?"我把焦点再抓回来。

他们嘻嘻哈哈地笑着说,每说出一个大家就相视而笑,似乎是在竞争谁说得最逗笑。

"拥抱大自然!""溺水的小孩!""乐极生悲!"……

若是不清楚这张照片的故事背景,他们应该会发问吧?但竟没有一个人发出疑问,反而是用轻浮的语气戏谑地形容这张照片。

我倒吸了一口气,感受到一股热气在体内散发开来,我以平静的口气问:"你们想听听这故事的背景是什么吗?"他们没有热烈的回应,但也没有反对的声音,我继续说:"每一天,你们需要担心会被炸弹轰炸吗?家人、朋友突然被炸弹轰炸而身亡,国家在战乱中,人民没有工作,连粮食都没有……"我不评价他们的反应,但用问句和陈述句的方式引导他们进入战争和成为难民的想象中。

在叙述故事背景时,他们进入了专注聆听的模式,然而,故事尚未说完,阿哲突然站起来说:"就是因为'不公平'才有战争!"

我没有因为他打断我的谈话而责怪他,而是肯定他的想法:"你认为战争背后的原因是'不公平',很棒!为什么你认为是'不公平'造成的?"

"不公平、不公平,就是因为不公平!"阿哲说完就开启另一个玩笑的话题,手舞足蹈,大家将眼光转向他,跟着他一搭一唱了起来,针对照片的谈话就此打住了。"不公平"的声音仍然留在我的大脑里……

团体结束后我正整理场地,而阿哲也没有马上离开:"我妈还没来接我,我好无聊哦!"说完就无聊地游走在这教室里,我故意靠近他:"那我们来聊聊吧!你觉得在家或在学校,有没有公平?"

阿哲看看我:"当然没有啊!功课好的学生受欢迎,功课不好的就自己看着办!"我认识阿哲很久,他是模型高手却没有舞台,他说的这些我都知道,只差没有重提他被同学霸凌的那一段往事。

受创的孩子更有想法,需要被倾听、被理解!

除了阿哲,其他五位在团体的伙伴拥有太多受创的回忆,被霸凌、被责罚、被孤立、被冷漠对待,他们早已习惯封闭自己,和世界保持距离,甚至有些对立;然而在他们心中,他们仍然渴望被看见、被重视,更小的渴望是有人和他们互动。因此在这团体中,他们用嬉闹的方式试探着彼此的关系、测试自己在他人眼中的地位,真诚和真实的回应搁在内心最深处,等时候到了才揭露出来。

"这张照片叫作'漠不关心'。"阿哲注视着我手上的那张照片继续说:"如果不是他死了,照片被公开,会有人理他们吗?"

"是!看到这照片以前,我的确从没认真想象过这些难民过的是怎样苦不堪言的生活。"我同意阿哲所说。嬉闹的他们,不是因为缺乏恻隐之心!我很庆幸没有在第一时间用自以为是的想法和"认为他们无知无情"的态度来回应他们，因为在嬉闹的外表下，他们有想法，他们需要被倾听、被理解！

当我被这照片震撼并苦于思考我能为难民做些什么时，阿哲告诉了我，我身边还有许多人，他们同样被冷漠、不公平地对待，我需要更多的热情来驱散这些冷漠啊！

用坚定的关爱化解青少年冲突

另一天，这团体增添了两个新成员，他们分别坐在我的左右两边。新成员的加入带来了某些旧成员的骚动，小陵就是明显骚动的一位，他用眼角瞄了一下两位新成员，问："他是谁啊？"其中一位新成员——阿维，立即做出反应："谁？"

"你闭嘴啦！我又没有叫你讲话！"小陵的口气带着浓浓的火药味，所有人的目光都转向他，刹那间四周的空气凝结了。阿维晃了一下身体，展露出不知所措的微笑，然后将目光转向了我，那是寻求解惑，或是求救的眼神。

当下我先忽略小陵对阿维的言语攻击，我在想：不认识会容易使人产生猜忌，最浅的认识是缩短距离的第一步。"大家注意到了吗？我们当中有两位不熟悉的新面孔，他们是我们的新朋友，现在大家彼此认识一下。"

我说完之后，这群大男孩仍静坐不动，没有一位先主动认识新朋友，最后仍由我来做牵线者，一一地请他们做自我介绍。

顺利完成一轮介绍后，小陵和他的好朋友阿哲比邻而坐，时而交头接耳，相视而笑，时而对着某位学员指指点点，显然是两人组的次团体。就在团体活动进行之时，刚刚和小陵争吵的阿维对着阿哲说："你好吵哦！可以小声一点吗？"

在旁的小陵立即起身站立起来，两手摊开，脸上露出极度不悦的表情："他是我保护的！你最好给我小心一点！"

以众敌寡、以强欺弱的霸凌就在我眼前上映了吗？我要起身喝阻小陵吗？然而我深知小陵长久以来内心受伤，他从小很少被大人关爱，却因为学业成绩不好经常挨罚，长期的挫败下他对自己丧失信心，也累积了许多负面情绪。但他在内心里渴望一份被看重、被关爱的关系。

我这样回应："你们这里每一位都是我保护的。如果有人欺负小陵，我会出来挺他；同样，如果有人故意找阿维麻烦，我也会保护他，其他人，我一样会这么做！"

小陵从原来的站立姿势变成坐下，然后双手抱膝，眼神看着地板，不发一语。我转向他："小陵，你的情绪好像很不好，发生什么事了吗？"

小陵又再次站起身来，然后口中爆出连串的脏话，快速地将门打开，离开了团体，团体鸦雀无声……

重视被忽略的少年玻璃心

小陵从团体离开后就进到旁边的小房间，我敲敲门说："我要进来了。"小陵看了我一眼，说："干吗？"

我耸耸肩说:"就是因为不知道干吗,所以想跟你聊聊,你火气好大!"

小陵仍然不吭声,我只好接着说:"我猜你是因为阿维生气,虽然今天他第一次加入我们,你对他认识不深,也和他没有什么过节,但是你担心老师对你的关爱和注意会因此减少,对吗?"

小陵立即把脸转向了另一边,接着又再把头转向我,对我吐舌头、做鬼脸。果然我说中了小陵的内心,他是如此害怕被忽略。

"我就知道,你以为我会因为新同学而忽略你,或是忽略其他人,绝对不会的!我跟你保证。"我再次对小陵做了确认。

不久前的小陵像受伤的刺猬,现在的他已将刺收起,笑容渐渐绽放。

"但你刚刚在大家面前对着我飙脏话,这样害我很没面子耶!你现在去跟大家说'莫老师是大美女'还差不多!去吧!"

小陵听了,兴奋地冲回团体中,开心地说:"莫老师是大美女!"在玩笑话中,小陵不安全感的刺已从身上掉落,大家也重启欢乐的笑声。

···· 心理师的暖心话 ····

重视同侪对青少年人生的意义

　　身为父母的你,可曾想过朋友为什么对青少年那么重要?可以从三方面来探讨:

　　确认"我是谁"很重要: 青少年和朋友亲近、穿着追求"潮"、好求表现等,其实是渴望从朋友处获得掌声,定义自己是谁,进一步形成自我认同感。这种从众的心理,父母听起来有点不可思议(或许父母已经忘了自己青少年时期也是如此),然而却是青少年自我观发展必经的历程。

　　学习"社会化"的技能: 孩子进入青春期,通过和朋友互动有助于自己从家庭过渡到社会,全面地学习社会化的技能。先是了解到你我的想法有所不同,再学习正确推论别人在想什么,进而整合他人及自己的需要、想法来调整行为。愈多人际互动磨炼,就愈容易学会人际相处方式,同时亦在为两性关系和亲密关系做准备!

　　"朋友圈"是练习独立的场域: 一个健康的个体,有朝一日得离开父母家庭,独立地走向世界。这离开的过程往往得依靠朋友作为"过渡客体",提供支持、鼓励、滋养,也提供建议、反馈。例如:在和朋友互动、合作及讨论过程中,发掘自己是否适合当领袖,了解自己个性上的优点或弱势等等。反观一位孤单的没有朋友的青少年,在独立的议题上就会出现问题。当然,青少年若同时得到家人和朋友双重的祝福,将会拥有培养独立性的最佳环境!

亲子的暖心练习

当青少年按照自己的步调发展人际圈时,父母可能会面对提早来临的"空巢期":为孩子准备餐点的天数减少了、孩子独自关起房门的时间变多等,有的父母因而心情变得低落、沮丧,觉得在儿女的心目中自己不再如此重要!然而,与其将子女当作我们依赖的对象,不如转化为对子女进行祝福,祝福他能成功找到自我,成为成熟的大人。同时,也要感谢自己已经完成阶段性的任务,可以着手规划自己新的发展里程碑了。

不过与此同时,建议父母不妨换个角度来看孩子交友的情况,不要过分干涉,但也不可漠不关心,在这里提出五点父母正视青少年交友的心态:

◎父母要从"幕前"退居到"幕后",担任孩子的"人际顾问"的角色

"顾问"乃以孩子的立场为考量角度,提供给他最好的选择,勿对其朋友做负面评论,让他感受到父母想与他合作的心情。例如:有些父母会劝孩子不要跟成绩不好的同学或朋友混在一起。这样的说法不但过于主观与狭隘,容易引起对立情绪,也无法让青少年信服。孩子往往会反驳说:他成绩不好但在别的领域好!他成绩不好但是很努力呀!他成绩不好但他对朋友很好,等等。他有更多理由来反对你的说法,甚至影响到他对你的信任。

◎学习以"客观讨论"方式取代"外控限制"方式

倘若父母对孩子的朋友极不认同,必须自己先以客观方式

来分析该朋友的优点和弱点，再与孩子提出讨论朋友所具备的优点以及弱点，每个人都有弱点且是有原因的。同时，跟孩子讨论其弱点将如何影响他们的友谊。父母以"客观讨论"方式取代"外控限制"的方式，不仅让孩子对人有更深的认识、更有判断力，也更能保护自己。

◎寻找机会参与青少年孩子们的活动

例如：当他们的司机或邀请朋友到家中来。这样一来，父母也有机会近距离认识其朋友，了解客观而非主观猜测的情况了。

◎主动为孩子创造跟人互动的机会

孩子若长期没有朋友、处在孤单中，极可能发展出抑郁情绪，甚至怀疑自我的价值。此时，父母必须细心给予关注，也可以通过巧思创造出孩子跟人互动的机会，例如：在家举办聚会或餐会，邀约几个年龄相仿的家庭一起郊游旅行，以"兴趣"会友等等；父母本身若不擅长交际，则可以邀请比较热心的家族长辈或朋友来提供意见。

◎孩子遇挫折时，陪伴和倾听比提供解决办法更重要

某些时候，孩子在交友方面会遇到挫折，甚至被同侪排挤，孩子的心也因此变得脆弱。此时，父母对孩子心理情绪的支持会比一起讨论解决方法还要重要。父母可以适时地关心、倾听及同理孩子受伤的情绪，陪伴孩子外出散散心，或分享自己过往类似的经验供孩子参考。

CHAPTER
04

用优势观点看待特殊孩子

著名教育家多萝茜·洛·诺尔特如是说:
"如果一个孩子生活在友爱之中,他就学会了这世界是生活的好地方。"
因此,即便是生来与众不同的孩子,也有其到来的意义,
身为父母的你最重要的是陪伴他寻找自我定位,
任何特殊的孩子都可以发光发亮。

❓ 孩子注意力缺失，怎么帮他找到适合的学习模式

❗ 共情孩子的自我贬抑思绪，与其责骂处罚不如提供舞台发现优势

你的孩子是不是常常不专心、忘东忘西，或写作业老是拖拖拉拉呢？其实孩子可能有"注意缺陷障碍（ADD）"，与其对着孩子大声责备，还不如赶快寻找专家协助，找到适合孩子的学习模式，才是最好的办法。

燕子在小学时被医生诊断有"注意缺陷障碍（Attention Deficit Disorder，缩写为ADD）"，转眼现在已是大学新人了，并在大学找到了毕生难得的好朋友；过去的她在学业表现中常被师长这样形容："很聪明，但不够努力、经常分心"。殊不知燕子花在书桌前的时间常常是他人的好几倍，但总是交不出师长们期待的成绩单。挫折感导致燕子失去了学习的动机，且被贴上"不负责任"的标签。但当燕子如愿以偿地进入自己理想的学校及科系后，她全心投入课业，获得了令人赞赏的成果。

自我贬抑的思绪干扰生活及社交

虽然人际及学业皆已逐渐步入正轨，但燕子内心仍有一个声音在强烈地贬抑她："你很差，你不如其他人！"

于是，患得患失的心情干扰了燕子原来平静又稳定的大学生活，因此急着来寻求咨询的燕子想帮助自己不再受患得患失的心情的干扰。

燕子很有条理地叙述幼时的经历。燕子爸爸是商人，工作忙碌，和家人相处时间少，但很疼爱燕子；妈妈是家庭主妇，自小无论生活、课业都由妈妈照料。燕子和妈妈的处事风格正好相反，妈妈是"急惊风"，燕子是"慢郎中"；当"急惊风"眼见"慢郎中"没有跟上节奏时，便怒火中烧，而"慢郎中"被催赶时，也偶尔会火冒三丈，因此两人常为芝麻绿豆大小的事争吵不休。燕子说："我不是天生唱反调的个性，我会忍耐、压抑，但我妈若一直唠叨我，逼我到了一个极限，或逼到我情绪崩溃时，就很难收拾了。在我心里，我一直认为必须要达到我妈定的标准或期待，但我一直做不到，因此很痛苦！更不幸的是，我是家中的独生女，又没有朋友。别人眼中的我反应不够快速、很无趣、跟不上别人讲的话题或笑话；我也不太敢找人聊天，在学校时经常一天下来没说半句话，其实……还挺孤单的。"

"听起来无论在家庭、学校，你都有一种被嫌弃的感受，是吗？"我确认在燕子内心所经历的感受。

燕子点点头："其实我知道我妈很爱我，但她表达出来的不知为何老是嫌弃我，从她眼中我感受到的是'我是一个很没用的人'，所以人际关系自然就很不好，因为我先看扁自己，别人自然也不会看上我，或想跟我做朋友。现在的我，因为比较成熟了，所以会这样反思。"

"燕子，有能力反思是了不起的事！即便你仍被过去挫败的经历所困，但仍努力带领自己到更宽广之地，摆脱过去经历的影响。你是一个愿意对自己负责的人！"我由衷地赞赏燕子。

燕子听到如此的肯定即露出腼腆的笑容："莫老师，有一件事我一直记着，也在梦中出现过多次，它应该是对我影响很大！"

我露出好奇的表情邀请燕子做分享。

千万不要用驱逐的方式对待孩子

燕子开始说起她初中发生的一件事："那时我初一，我常忘东忘西，有一天我妈开车到学校接我放学，一上车她就噼里啪啦地说：'你今天是不是又有功课没带去学校的？它还在你的书桌上，前一晚我不是提醒过你，叫你把该带的东西检查一遍，你到底有没有在听啊？'她的口气愈说愈急促，结果在车上就开始发飙起来。我本来闷不吭声，可是到后来也忍不住跟她吵起来了。后来她把车子停下来叫我下车，叫我下车！我下了车，她就把车子开走了，我很难过，边走边哭！"

边回忆边描述此段经历时，燕子仿佛又回到过去，心情激动了起来。我说："当时的你深刻地感受到'我被遗弃了'，妈妈遗弃你，同时也没有其他人是你的朋友，可以来关心你。"

燕子深呼吸了一下，说："没错，因为自己没把事情做好，结果就被抛弃了。我妈把我赶下车，这件事她肯定做错了，但是她至今从未为这事道歉过。"

"燕子，你很在乎妈妈没有跟你道歉这事吗？"

"一点也不,因为我了解我妈,她是个好强、倔强的人,她不可能道歉的。但我有一个希望,我希望这样的事不要在其他孩子身上复制,尤其像我这样受过很多挫折的人。"燕子心情已平复下来,取而代之的是对此事的期待。

原来燕子想要的不是道歉或怜悯,她想用自己的经历去告诉大人:不要用驱逐的方式对孩子发怒,如赶下车、赶出家门等等,尤其是对一个没自信的充满挫折感的孩子!就像燕子当时心中所受到的创伤:"我是一个如此糟糕的孩子,全世界的人都不要我,连我的父母也不要我了!"也许大人是一时心急、求好心切,或是自己面对问题无力又无助,但父母无论如何都要先冷静下来,寻求理性又有效的方法来帮助孩子,在当下提醒自己:"不要怕,小事情,有方法!"

帮助 ADD 孩子欣赏并接纳自己的优缺点

咨询结束前,我们约定往后的咨询目标是协助燕子重拾自信,能够欣赏自己的优点,也能接纳自己不够好的地方。燕子准备离开咨询室时,走到门口对我说:"莫老师,拜托你把它写成文章,让父母警惕起来,千万不要再犯这样的错!尤其是对小孩。"我答应了她。

下次见面时,我把手稿给燕子看:"燕子,答应你的文章我写好了。"燕子兴奋地说:"太好了,你帮我完成了一个小心愿!谢谢你啊!"

我也很愉悦地回应:"因为你值得啊!你用自身的经历来提醒大人,这是何等重要又有价值的事呢!我很荣幸你给我这样的机会!"

心理师的暖心话

注意 ADD 孩子的五项特征

许多"注意力缺陷障碍（ADD）"的孩子在成长过程当中，因为学习的状况非常特殊，又得不到父母及老师的了解与接纳，更遑论得到有效的帮助，因而产生了学习的挫败感，并影响到自信心。

"注意力缺陷障碍"的孩子的特质会对他的学习产生以下影响：

第一，在单向（老师讲学生听）的上课模式时，会分心、发呆、干扰别人。

第二，因专注力难以实时启动，写作业常拖拖拉拉；又因在写作业的过程中分心及持续力短暂，所以作业完成的效率低。

第三，在文字的书写上常有困难，作文造句也受到跳跃式思想的影响。

第四，数学方面常粗心算错，或者是算对写错；针对应用题则较难做抽象思考。

第五，在领悟能力上，他们常对抽象思考的"左脑"教学方式感到无趣，例如：数理的计算程序；反而较偏向于感官式的学习及操作学习，例如：设计、舞蹈表演及烹饪料理等等。

父母可以仔细观察，若孩子有以上五点情况产生，应及时带他去专家处诊断，并提供有效的帮助，提早找到适合孩子的学习模式，并以陪伴及认知行为疗法引导孩子增加正面思考，早日走出属于自己的道路。

亲子的暖心练习

"注意缺陷障碍"的孩子因长期在学习方面产生挫折感及疲累感,有的甚至发展成无学习动力或厌学症,因此,为协助他们建立学习的意愿及成效,必须切换到适合他们的学习方式,以下有几个建议和方法:

◎ 发掘孩子学习的优势模式

当孩子很乖地坐在书桌前,并不表示其"输入"和"输出"的效能是高的。要达到最高效能的"输入"和"输出",是要找出每个"注意缺陷障碍"孩子的学习模式并依循下去,而"注意缺陷障碍"孩子常见的学习模式有:听觉学习型、群体讨论型、视觉笔记型、操作体验型。

◎ 一对一陪读或教学

比较起集体的课堂教学,对"注意缺陷障碍"孩子而言,一对一的学习模式是更为有效能的学习方式,因此陪伴者必须要有耐心,且充满创意变化的教学更能吸引其专注力。

◎ 提供舞台,展现优势

"注意缺陷障碍"者各有其不同的优势,如:热心助人、体能运动、艺术表现等等。提供机会发挥其优势或擅长的能力,可增强其正向的自我认同感。

◎ 认知行为疗法

除关注"注意缺陷障碍"孩子的学习外,若再辅以认知行为疗法,通过改变孩子对己、对人或对事的看法来改变情绪或心理问题,协助孩子改善生活质量,则更具深远的影响。

❓ 如何帮助多动症孩子控制情绪，找到自我优势

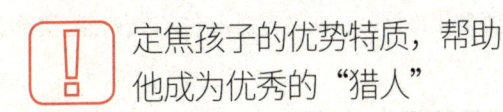

❗ 定焦孩子的优势特质，帮助他成为优秀的"猎人"

很多父母面对孩子过动的症状，通常不知该如何处理。其实，只要多多陪伴他，并倾听他说话，肯定他的某些行为，有一天当他被放到对的位置，就会发热发光！

小孟是老师和家人眼中的火爆浪子！小时候常常易怒，发起脾气时会摔物品，和父母有严重的口头和肢体争执。此外，小孟上课时爱跟同学交谈、常提出问题，对老师而言是分心、干扰上课，经常不是迟交就是缺交作业，但成绩却表现得亮眼，原因就是上天给了他一个智商一百四十的脑袋！

妈妈因为孩子的种种状况，带他到医院，医生说他有"注意力缺陷多动障碍（ADHD，又名多动症）"。

初中以后，小孟心情转为抑郁，对上学及所有原来热衷的事都失去动力。小孟渐渐不爱上学，即便到了学校，也不

愿进教室，经常在辅导室趴着睡觉，无精打采。就这样，在初中三年与抑郁拔河后，小孟升上高中，还是人人称羡的高中。然而小孟并未因此走出抑郁，他带着沮丧中夹杂着一丝丝希望变好的心情来找我。

用同理和支持缓和 ADHD 孩子的情绪

谈话一开始，小孟就直接说："老师，我经常失控，我到底是哪里出了问题？小的时候，情绪常失控；长大后，我尽量改我的脾气，虽然没有完全改好，可是已经比小时候好多了。不过，我不只是控制不住脾气，我连我的行为也常常控制不住，譬如：我常常有很多想做或应该做的事，可是到了最后却往往完成不了；不仅如此，对于不想做的事，我却在做了之后挨骂，或是明明知道会对自己不利的事，我却做了……"小孟一口气把一段话说完后，大吸了一口气，接着有些激动地说："我和别人真的很不同，是不是我哪里错了？我很努力想要改，我尽量压抑自己，免得做多错多；我也学习别人的方法做计划，但是我最后得到的结果是——失败！"说完，小孟脸上显出非常痛苦的样子，双手将脸捂住。

此时的小孟像极了在海难中很努力又很挣扎地想游回岸边的受难者，他需要被支持、被鼓励，还有——被救援。因此我对他说："小孟，你感觉很多事都一直处在失控中，你对失控感到很不安、很沮丧，你也很努力想要改变。从过去到今天，你所经历的都是不容易的！"

在我的同理和支持中，小孟的心情逐渐平静下来，但脸部表情仍然沉重。我继续对小孟说："这不是你的错！只是……你还没找到属于你自己的方式而已。现在，你已经开始往认识自己的路上前进了。当你更了解自己时，你自然会找到适合你的方式。"

"对，我也觉得是这样，有时候我觉得自己有问题，因为表现出来的行为和别人有很大的不同；可是，有时候，我也觉得自己这样没什么不好啊！譬如：小学的时候，老师上课上得太无聊了，我的脑袋不知不觉就幻游了；我最常想象自己是将军、武士，拿着刀剑挥舞，很是威风；接着我就跟旁边的同学说话、玩耍，结果就……唉，被老师骂了！"从小孟的语调听起来，他的元气比先前提升了，特别是谈到小时候的"调皮史"。

我请他再多告诉我一些记忆中小时候的他。

引导 ADHD 孩子与自我相处并对他给予肯定

小孟开始叙述他记忆中的小时候："我从小喜欢逗人，把人逗得开心或生气好像是我的乐趣，所以，我家的弟弟就常被我惹得哀哀叫。尤其是当我没事做时，他就成了我的玩具。还有，我小时候被人说写功课不专心，可是真正的情况是：当我看到某一题目时，就会开始联想别的事，或是旁边只要有点声音，就会分散我的注意力。我的想法很多，我也常怀疑为什么课本只给我们一个答案。父母、老师常说我不专心、持续力低，可是有时我开始做一件事，我比其他人都专心。我也发现，如果有同伴一起，做任何事的效率都比一个人好，尤其是这同伴可以和我来回讨论。以前老师规定上课不能讲话、不能乱动，我常因为这样被处罚，老古板的上课方式让我感到像是处在牢狱中啊！"

小孟说了很多很多,我专心听完他的故事,接着问了他一个问题:"你觉得你比较像农夫,还是猎人?"小孟立即反应:"像猎人!"

"嗯,你的确比较像猎人,你有'眼观六路,耳听八方'的能力,风吹草动立即引起你的注意,但你也被误解成不专心;你偏向在动态中学习,通过讨论、参与、动手做——你会学得更好;你的生活方式充满动感,旁边的人太安静时,就容易成为你的猎物!对吗?"

小孟听完,略有所悟地问:"所以,我比较像猎人,可是我的周遭环境,包括学校,比较像是农夫的学校,对吗?我是猎人,却逼自己要像农夫。唉!连老师、爸妈也期待我变成农夫!我在初中过得特别痛苦,从早上七点多到下午五六点都被关在学校,放学后还得补习,每天一大堆考试,生活过得超无聊……"

"猎人"观点点燃了小孟内心快要熄灭的火,我们热络地谈论着猎人的特性以及遭遇的挫折。小孟是个聪明的孩子,有举一反三的能力。当他从猎人观点来理解自己时,他的眼神表明他似乎找回了失散的自己。

在咨询结束前,小孟说:"我有信心在农夫的环境里证明给别人看,我不是不好,只是和你们不同而已!"

在Give me five后,小孟带着微笑离开我的咨询室。他走在找到自我的路上了!

心理师的暖心话

ADHD 能够成为一种好的"特质"

根据《精神疾病诊断与统计手册》(DSM-V),"注意力缺陷多动障碍(ADHD)"是一种"疾患"(disorder),然而愈来愈多的人视它为一种特质,此亦如同每个人都有他自己与别人不同的特质一样。

所以我们不禁要问:ADHD到底是一种"特质",还是"疾患"?

其实可以这样诠释:由于生理的特殊状况,连带造成ADHD孩子脆弱的"心理体质",尤其是要适应现今教育环境所产生的压力。因此,换个角度想,若能妥善地协助与陪伴,它可以是一种"特质",甚至是一种"好"的特质;反之,它很容易发展成一种"疾患"甚至并发出其他的"疾患",例如:焦虑症、抑郁症、品行问题等严重的问题。所以,我们了解和掌握影响ADHD孩子的特质,即是协助他们的关键。

综合ADHD的特质,影响孩子发展的特质主要表现为:

注意力不足:包括启动(开始做一件事)、焦点(集中做一件事)、持续(持续做一件事)及分配(同时注意几件事)注意力。

冲动:在肢体动作、情境及情绪的反应上皆表现出缺乏耐心、协调性不足及浮躁的现象。

好动:不但在肢体上有好动甚至干扰他人的现象,其内在世界亦起伏不定。

感官取向:感官特别敏感,想象力及情感丰富,然而分解和重整信息的能力较弱。

跳跃式思想： 思想的联结有中断现象，缺乏组织力与秩序感。

这些特质，在孩子成长过程中，若没有来自家庭及学校的了解与协助，经常会造成困难，并且产生一些不利的结果。

针对ADHD孩子的"猎人／农夫"假说是一位名为托姆·哈特曼（Thom Hartman）的美国人所提出的，他是一位"斜杠族"，从事广播、演讲、作家、社会观察及改革工作，同时他也是一名心理治疗师，长年关注儿童和成人的多动症，创立了"多动症猎人假说"，并开办了面向多动症儿童的"猎人学校"。

依照他的定义，什么是猎人特质呢？

第一，需要冒险犯难、活动力强，才能胜任开荒的工作。ADHD孩子具有强的活动力，常常停不下来。

第二，需有制造打猎工具的能力。许多ADHD孩子在操作学习，也就是动手做方面表现优异。

第三，需有敏感的感官能力，能耳听八方、眼观六路（农夫说这是不专心），方能有效觉察各种动物的踪迹。

第四，需在发现猎物的时候有果决的反应（农夫说这是冲动）。

第五，打猎之余，他们也是天生的艺术家，包括音乐、美术、陶艺、舞蹈……

其实，身为ADHD孩子的父母，除了关注ADHD孩子的脆弱性特质外，眼光若能定焦在其优势的特质，更能协助他们找回自信心，并利用他们原来所拥有的丰富资源，造福社会。

亲子的暖心练习

面对 ADHD 孩子，爸爸妈妈不必担忧。家庭或学校若给予充分的了解与协助，孩子一样能发光发热。

◎了解 ADHD 孩子的特质，并帮助他们找回信心

爸爸妈妈如果能够透彻地了解 ADHD 孩子的特质，并且以优势的观点来看待他们，不仅可以将这类孩子的弱点所带来的影响降到最低，更重要的是能帮助孩子找回自信心，明白自己的优点，让他们有机会在适合自己的位置上发光发热。

❓ 自闭症孩子如何适应未来生活

❗ 天生我材必有用，突破世俗眼光，关注孩子的存在价值

面对自闭症的孩子，父母往往不知所措，除了要应付孩子的情绪及学习问题，更担心他对未来生活的适应能力；其实别担心，学习换个角度看自闭症，或许可以从他们身上看到另一个世界。

小光不像一般的孩子，能不费吹灰之力和别人沟通。儿童时期的他不爱说话，即便开口也表达不清。他更怕陌生人，一见到就躲起来。当听到雷声等剧烈的声响，他会惊慌失措，两手捂着耳朵久久不放……这些事情使他在进入学校或任何群体时，总要费尽一番心力，才得以安稳下来。

"他在三岁时，我们带他去看医生，医生说他是自闭症。所以，无论他入学或去到任何一个群体，我都会跟老师说：'小光有自闭症，请大家多帮助他。'"同样的，我第一次和他们母子俩见面时，妈妈也这样告诉我。

第一次见到小光是他小学四年级那一年。当他看到我这位陌生人时，像只受惊吓的小猫躲在妈妈的身后。

妈妈温柔地对他说："小光，不要怕，莫老师是来帮助你的。"

尽管妈妈不断地对他说我是一个"安全"的人，小光依旧喃喃自语："不要——不要——！"

和小光第一次见面的印象依然深印在我脑海里；如今小光已经十八岁，在高中毕业之际。回想过去那一段日子，是非常艰辛的……

求学过程，小光的老师们给予了小光许多的爱心与包容，在小光周遭安排了小天使协助他。当小光感到安全与信任，又或者当他感到开心时，他的脸上总是露出单纯的赤子般的微笑。在寒冷的冬天看到这笑容，有如一股暖流温暖心窝；若在酷热的夏天看到，则像是一股清风般柔和清爽。因此，小光虽有恐惧发作的时候，但其他时候，他的温和与笑容，总是吸引大人、小孩来靠近他。

在爱中收获生活的力量

小光的妈妈更是了不起的妈妈，生下小光后遭到婆家的排挤，和先生以离婚收场，自己独自抚养小光。小光的发展从语言、动作到人际互动、情绪处理等等，都需要协助，妈妈费尽苦心地去张罗这些事。

当然，因为小光的学习成绩不理想、小光固执而抗拒的情绪，妈妈在过程中也曾经崩溃过。在低落的情绪中，妈妈质疑自己对待小光的教养方式："我是否太溺爱他了？我对他的要求是否太少了？他为什么进步这么少？长大之后，他能做什么？"

面对妈妈这样挫败和低落的情绪，我给予的是鼓励与支持："小光妈妈，你过去为孩子所做的一切，没有人有资格批评你。很久之前，小光连一个字都不会说，连数学一加一都搞不懂时，唯有你陪在他旁边，对他不离不弃。"

"有时候真想放弃！但后来还是咬紧牙关走下去。"妈妈表露出心中的煎熬。

"在最困难的时候还继续坚持着，这是爱的力量吧！爱很深，所以不会轻易放弃。"我由衷地佩服小光的妈妈，她不仅为孩子的事煎熬，为自己婚姻的挫败而心碎，甚至正在经历癌细胞的侵袭，与死亡交战着。面对这些苦难，唯有心中有爱、有盼望，才能活下去面对每一天吧。

"莫老师，我有时很软弱，需要和人聊聊，我才能恢复一些，继续下去。"小光妈妈经历了几次的低落，几次从低谷中再站起来。我对小光母子俩做的工作就是支持妈妈，与妈妈共同讨论小光遇到的难题，同时成为小光的倾听者，从语言和非语言方面来了解他、引导他。

发掘自闭症孩子的优势

经过几年的努力，小光有了明显的进步，特别是他对人的恐惧已经消除，取而代之的是他喜欢亲近别人。然而妈妈的忧心并没有结束，面对小光的未来，妈妈忧愁着：单纯的小光如何面对这复杂的社会？他以后要如何独立生活呢？

因为我相信每个人的存在本身就是有价值的，所以我请妈妈去发掘他的优势，进而再以逐步建构的方式把其优势发挥出来。

在小光满十八岁的前夕,我问小光:"你以后想做什么?"小光双眼先是看着我,然后低头、耸耸肩。

"我听妈妈说,很多老人家都很喜欢你,有你在他们就很开心耶,你也很关心他们,会念故事书给他们听,还念得很大声呢!"我对他比了一个大拇指。

小光点点头,带着腼腆的笑容说:"我可以去教会的老人小组服侍他们。"我跟妈妈同时肯定了小光自己所提出来的想法。

我对妈妈说:"小光身上的单纯,其实是上帝给他的最大礼物啊!"

"同意,他非常单纯,在社会上要找到这种单纯很难了。跟他在一起,即便很少言语沟通,内心都能从他身上感受到一份特别的平静,有别于在外面世界所感受到的纷扰、急于追求成功的竞争感……"妈妈的眼神闪烁着喜悦与欣赏。

小光,看起来什么都没有,没有这世界"成功"的标志,但却拥有成功的人、有能力的人所缺乏的"单纯的心"。当以优势的眼光来看待小光时,妈妈从忧愁转为信心,她说:"小光的优点和他对这世界的贡献,我应该是第一个享受到的人!我可真幸福啊!"

···· 心理师的暖心话 ····

用优势的眼光看孩子

特殊孩子的父母在陪伴孩子成长的过程中,比起一般孩子的父母,确实更为艰辛:孩子上学期间,为他适应环境的议题而奔波;当孩子进入职场时，为他担忧的心情亦不曾歇息。然而，当父母以有别于主流社会的眼光来看待孩子时，却也能从中体验到一种超越的幸福感，例如：当无语言能力的孩子叫了一声"爸爸"或"妈妈"、当发现孩子拥有一颗善良的赤子之心等等。特殊孩子经常教导我们必须以不同的眼光看世界！

什么是陪伴中的"优势观点"呢？它是一种未来导向的观点。我曾经在灵修作家，同时也是神父——卢云的书中看过一则有关米开朗琪罗创作雕像的小故事：

从前有一位雕刻家，他用铁锤和凿子在一块大理石上辛勤地刻凿。有个小男孩一直在旁盯着看。他只见大大小小的石块左右落下，却完全不晓得雕刻家在做什么。过了几个星期，当小男孩再次来到工作室的时候，他惊讶地发现，曾经摆放大理石的地方，竟然坐着一头雄壮的狮子。小男孩兴奋不已，跑去问雕刻家："先生，请告诉我，你怎么知道大理石里面有一只狮子呢？"

雕刻家的回答是："因为在我的眼睛看见大理石里的狮子之前，我心里面已经看到它。秘诀就是我心里面的狮子认出了大理石中的狮子。"

雕刻家的艺术首先是一种"看见"的本领，接下来才能把心中所见的雕刻出来。

雕刻家如此，父母看孩子亦是如此，只有认真关注孩子存在的价值，不受世界或外在社会的框架所局限，这眼光才能穿透那一层层加在生命表层的荆棘，看到生命释放出内蕴的光华。

亲子的暖心练习

以"天生我材必有用"的眼光出发，父母可尝试从以下角度发掘孩子的优势：

自发性：什么工作是孩子会去自发做的？这类事往往是孩子喜欢且有兴趣的事。

主题性：孩子会持续关注的主题是哪一类？诸如：艺术类、工程类、运输类、运动类、厨艺类、服务类……

优越性：什么是孩子感兴趣且做时得心应手的事？不仅如此，他会因从中获得成就感而重复去做。

坚持性：什么事是孩子愿意主动且重复地去做的？即使花长时间、考验耐心、吃苦，也甘之如饴。

发展性：什么事是孩子从小到大，经过了一段时间，对该主题的兴趣仍然持续着，且愈来愈突出的？例如：小时候喜欢拿笔涂鸦，长大些喜欢画画，再来喜欢画服装的设计图。

❓ 阿斯伯格孩子真正需要的除了接纳还有什么

> ❗ 以直接的行动替代语言沟通，建立深层次信任关系

很多人对于阿斯伯格症孩子总抱持着错误的理解及看法，其实这些孩子只是需要比别人更多一点的沟通的耐心，当彼此取得一份信任关系时，他们的回报是超乎想象的。

小铭是阿斯伯格症孩子，在初一下学期一开学时，毫无迹象地突然拒绝上学。家人很不解：小铭就学以来都是拿全勤奖毕业的，为何突然之间不上学呢？问他，他闭口不谈；再逼问，他撞墙自伤；学校老师到家中拜访时，他躲进衣橱内。最令家人担忧的是，自那一天起，他断绝了跟外界任何的接触与互动。

第一次见到小铭是妈妈带着他来到咨询所，柜台人员通知我孩子站在前院不肯进来，妈妈不知该怎么办是好。

当我知道这情况时，不二的选择就是主动到前院去见

他们。

我把纱门拉开后,和他们母子俩打了一声招呼:"嗨!我是莫老师!"

当下,孩子立即变换站姿,变成背对着我,双手抱胸;妈妈则是朝向我,露出焦虑求助的神情。

妈妈猜测小铭不进来的原因,对我解释说:"孩子可能有洁癖,怕脏,所以不想脱鞋子进入,但他也不愿意穿着鞋子进入,因为不想要地板变脏。"

面对不易改变的孩子,先顺应他的准则

听完后,我第一时间判断这是个固执的不容易改变的孩子,自然应该先顺应他的原习惯,所以我这样回应了:"哦,这是小事情啊!可以穿鞋子进来,没问题的,地板会有专人处理,不用担心。"然而这回应并不能得到小铭的同意,他以摇头表示拒绝。

不脱鞋子这方式不能成功邀请小铭进入,我只好再转换方式,不移动可能是最好的选择:"好吧!既然不想进去,我们就站在这边聊聊也可以。"

我、妈妈、孩子,就站在前院。妈妈见孩子完全不配合状,脸上尽是愁容:"我已经带他去过好几所医院了,半年下来,他都不跟医生或心理师说话。心理医师们表示一直这样不讲话就没办法继续做治疗。唉,今天看他状况依旧,我心都凉了啊!"

妈妈继续述说孩子近半年来的变化给我听:他半年来不上学、拒绝学习,除了和家人互动,其他人一概拒绝,生活只剩下电脑和猫。

听了一段妈妈的描述后,我再看看我身后的小铭,他微调了身体的姿势,约九十度,我终于能一窥他的侧面。同时,我也发现即便他看着大门,默默不语,但并没有想把门打开擅自离开的意思;他耐着性子听着妈妈讲给我听的那些已经对着其他医疗人员重复说过好几次的话。

如此拒人于千里之外的孩子,身边是一脸憔悴又忧心的妈妈,妈妈的叙述提供给我一些想法,我心里已有接下去应对的画面了。我问妈妈:"他平常喜欢用电脑玩游戏吗?还是看影片?"

妈妈说:"他喜欢玩一款游戏,也喜欢查资料,看百科。"

"是什么游戏?"在这样的情境下,我竟选择来聊聊游戏,是什么原因呢?很简单,谈游戏总比谈为什么不上学令人开心吧,加上我从许多学生身上听闻的不少游戏的知识,理应可以现学现卖吧。

然而面对一个不积极又抗拒的孩子,要成功靠近他,我有多少的信心和把握呢?不管!在如此狭小的空间、有限的时间内,我唯一希望能做到的,就是散发出无限多的自在轻松的感染力啊!

果然,妈妈陪伴这孩子已有一段时间,连他玩的是什么样的游戏也很清楚。这游戏大约和中世纪历史背景及战略有关。

以直接的行动替代言语沟通

听完后我再次转向这位大孩子:"这游戏叫什么名字啊?"他仍用力地摇头。

"那我来问你,你玩过 *Minecraft* 吗?中文叫《我的世界》?"我说了一款当红的游戏,目的是让他知道我和游戏的距离没有很远。

他仍摇头，然而脸上竟然出现了一抹笑容，这细微的线索如同黑暗中的明灯一样重要，我当然不能轻易放弃，务必紧紧地跟随这宝贵的线索。

言语的互动不是唯一，也不一定是最重要的，直接的行动有时候也可以替代言语。

"你现在不要说话，一定不能说哦！"我比了一个"闭嘴"状。

"我需要三样东西摆在这里，第一是一张桌子，第二是两张椅子，第三是一台我的Apple电脑。要做什么呢？我把电脑打开，你用电脑来告诉我你玩的是什么游戏，我对你玩的这游戏太感兴趣了，我一定要知道。""太感兴趣"这四个字，我还特别加强了语调。

"来！帮我搬一下这张桌子！"我招呼他过来帮忙，他也过来了。

"还有这两张椅子，谢啦！"桌子椅子都在前院摆好后，我接着把我的电脑也搬出来了。

"妈妈你可以到里面的候客区坐着，吹吹冷气。"我示意妈妈离开，这空间就剩下我和他了。

当我把电脑打开时，我电脑的桌面是家里猫咪的照片，刚好小铭对猫咪有特殊的情谊，我问他："你喜欢猫咪吗？"他点点头。

从开始见面到现在，小铭第一次不是摇头而是点头，这更增加了我跟他互动的信心，我又秀了几张猫咪的照片，他看得很入神。

释放主导权，让孩子参与互动

接着我回到搜寻游戏的主题，我敲打着键盘，输入几个关键字：

"游戏、战争、中世纪",打完以上的关键字后,出现了很多的搜寻结果,我摇摇头问他:"是哪一个啊?"

"这个?还是那个?"他都一一摇头,还抿嘴而笑。虽然没有言语,但是非言语的互动已在我和他之间进行着。

玩了一下电脑游戏猜猜乐后,我表现得有些挫败地说:"唉!我不猜了,你直接秀给我看吧。"

我把电脑的主导权交给了他,他也接过来了。他边打字,另一只手边遮掩键盘,见状,我就自己用手遮住眼睛的视线。这样一来,他更能放松地在键盘上敲打。

过了一会,"好了吗?"我问。

"嗯!"他回答。虽然是轻轻的一声,但也是有回应啊!

我把手拿下,电脑出现的是 *Minecraft* 的搜寻结果。

"啊,原来你玩的就是我说的这个啊?"

他摇头:"我不玩这个,可是,我想问你,你玩这游戏多久了?"他问我问题,表示他好像对我感兴趣起来了。

"好久了,大约五六年前,当时是一个高中生介绍我玩的。"从这里,我们就有了一问一答、一来一往的互动。

阿斯伯格症孩子一样渴望与人分享

不久,他说:"这里好像很热,有虫。"

"没问题,我们搬进去,里面有冷气。"于是我们又大费周章了一番,把桌椅搬进咨询所里。这比一开始跨越了一大步,只差还没进入咨询室内而已。

坐下来后，我们又用电脑查询了一些他感兴趣的话题，由他分享了一些他的所知。在互动中，他插播了一个问句："为什么心理治疗是这样进行的？"

"你认为的心理治疗是怎么进行的？"他沉默。我接着说："我认为的心理治疗就是像当朋友，像现在这样啊，什么都可以聊！"于是，他又接着前面的话题和我谈论着，他边说，我边专心地听，也问他问题。一个接一个的话题由他开启，我感受到他想要和人分享的心情不只那么一点点，而是非常渴望。

随着时间一分一秒地过去，到了咨询结束的时间，他表露出不舍得离开的心情："时间怎么这么快？"最后，在妈妈三番两次的劝导下，他跟我道别了。离开前，他在电脑的键盘上敲下一排英文字母。

我马上猜到这是什么："这就是你在玩的游戏吗？"他点点头。

可爱的孩子！他细腻地记住了我和他之间的互动，他回答了我的问题，他也接受了我的友情。

"再见，期待下个星期二再见面！"我挥手和他道别。

接下来的咨询时间，小铭总是提早半小时到，他不只和我谈话自如了，也因着搭桥的方式，逐渐地和咨询所其他的同事聊起来！他的焦虑不安减少，他的交友圈逐渐扩大。有一天，同样通过搭桥的方式，加上协助老师对小铭的特质的了解，经过学校老师细心的安排与多番的尝试，他重新返回学校，像从前一样坚守着不迟到、不早退、不请假的习惯。

···· 心理师的暖心话 ····

与阿斯伯格症孩子建立深层次联结

"阿斯伯格症",比较起十多年前,无论是从名人自白、电影还是书籍中,已有更多人听过或知道它。在最新的第五版《精神疾病诊断与统计手册》(DSM-V)中已经取消阿斯伯格症的独立诊断,统统纳入自闭症光谱(Autism Spectrum),阿斯伯格症落在光谱的最外环,也就是比起严重的自闭症,它属最轻微的自闭症;然而为何它仍属于自闭症光谱呢?原因是它仍具有自闭症的两大核心特点:一、社会与沟通障碍;二、行为的固执。

从社会与沟通障碍角度来思考,阿斯伯格特质的人被形容为"火星上的人类学家",他们仿佛从另个世界来到这世界,不太懂这世界的人际互动规则、人与人之间的微妙信息,因此被认为"不够社会化"。因此,他们在适应人际群体时常常会遇到压力与困难,甚而会并发其他心理及行为的问题,例如最常见的焦虑症。

学校环境是一个容易产生人际互动压力的地方,包括:课堂上要分组、要合作、要懂得自我保护以避免人际霸凌等等,仿佛身处压力锅;又倘若在学校中缺乏他人的支持与了解,阿斯伯格症孩子便容易在此高压下退缩,要不就是另种极端:因焦虑和害怕而产生对立和攻击的情绪。

在目前的教育体制下,有特殊教育法来协助阿斯伯格症学生,包括对师生普及阿斯伯格症的知识,还有实施"个别化教育计划",针对阿斯伯格症孩子的优势和弱势给予其协助。这已堪称颇为健全的体制了,然而,"万事俱备,只欠东风",东风是什么呢?就是建立一份与阿斯伯格症孩子有联结的关系,这是其中最重要的部分了。

信任关系能帮助阿斯伯格孩子抵抗压力

以下引用于一九四四年率先提出阿斯伯格症案例报告的汉斯·阿斯伯格医生(Hans Asperger)(后来"阿斯伯格症"就是以此医生名字命名的)给老师的一封信:

这些阿斯伯格症孩子对老师的人格特质十分敏感。不管他们的状况有多困难,他们都能接受别人的引导及教导,不过只限于那些能了解他们、真心愿意关心他们且表现和善、具有幽默感的对象。老师的内在情绪状态确实会影响到阿斯伯格症孩子的心情和行为。当然,想要应付及引导这些阿斯伯格症孩子,绝对需要具备充足的知识,能够了解他们的特点,还要有教学的天赋及经验,只有教学的效率是绝对不够的。

进行各种教学互动时,必须不带任何情绪。老师不应动怒,也不应期待被大家喜爱。老师应不惜任何代价保持冷静、镇定,且必须能自我控制。

从汉斯·阿斯伯格医生的信来看,的确对老师的要求严苛了些,然而真正的教育工作者确实不能忽略和学生之间的良好信任关系。因为对于阿斯伯格症孩子或学生来说,他们拥有与父母或老师之间的信任关系是非常重要的,这份信任关系尤其能协助他们在高压环境中进行压力调节。

亲子的暖心练习

以下提供老师在学校或父母在家时，面对阿斯伯格症学生或孩子调节情绪所能发挥的功能：

保护者：阿斯伯格症孩子在群体环境中容易焦虑，十分需要一个安全堡垒，这安全堡垒的建立能使他感受到被了解、被关爱。当他知道校园内有一处他的安全堡垒时，对他焦虑的降低有莫大的帮助。同样在家里也是。

调节者：阿斯伯格症孩子在面对感官的刺激、环境的刺激、被要求的事项时，都会遇到情绪难以调节的可能，因此，校园内老师在他遇到压力或难以调节压力的情况下对他进行协助是十分重要的，目标是协助他将情绪平静下来或保持冷静。在家里或是带阿斯伯格症孩子到其他任何环境也是一样，必须要有一位成熟的大人协助他们缓和情绪。

翻译者：有的时候阿斯伯格症孩子对于他人的信息会有误解、模糊、不能理解的情况，同时阿斯伯格症孩子在发送信息时，也会引起他人的误解或不能理解。因此，在他与他人中间，需要一位翻译者，能适当地翻译信息，使阿斯伯格症孩子能掌握他人信息，也可以避免他人对阿斯伯格症孩子有所误解。

教练：当阿斯伯格症孩子在环境中遇到困难而感到疑惑时，他不一定会求助，而是常常逃开或制造烟雾弹来掩盖问题。因此，成为他的教练来协助他处理问题，包含教他遇到问题时如何求助，是在增加他对环境的适应力。

图书在版编目（CIP）数据

青春期情绪风暴：心理咨询师教你读懂孩子的心 / 莫兹婷著 . — 北京：北京时代华文书局，2021.10

ISBN 978-7-5699-4392-4

Ⅰ．①青… Ⅱ．①莫… Ⅲ．①青春期—家庭教育 Ⅳ．① G782

中国版本图书馆 CIP 数据核字（2021）第 175839 号

北京市版权局著作权合同登记章 图字：01-2019-7346

中文简体字版 © 2022 年，由北京时代华文书局有限公司出版。

本书由四块玉文创有限公司正式授权，经由 CA-LINK International LLC 代理，北京时代华文书局有限公司出版中文简体字版本。非经书面同意，不得以任何形式任意重制、转载。

青春期情绪风暴：心理咨询师教你读懂孩子的心
QINGCHUNQI QINGXU FENGBAO XINLI ZIXUNSHI JIAO NI DUDONG HAIZI DE XIN

著　　者｜莫兹婷
出 版 人｜陈　涛
图书策划｜陈丽杰
责任编辑｜袁思远
执行编辑｜高春玲
责任校对｜刘晶晶
封面设计｜董茹嘉
内文版式｜迟　稳
责任印制｜訾　敬

出版发行｜北京时代华文书局 http://www.bjsdsj.com.cn
　　　　　北京市东城区安定门外大街 138 号皇城国际大厦 A 座 8 楼
　　　　　邮编：100011　电话：010-64267955　64267677
印　　刷｜北京盛通印刷股份有限公司　010-52249888
　　　　（如发现印装质量问题，请与印刷厂联系调换）

开　　本｜880mm×1230mm 1/32　印　张｜7　字　数｜158 千字
版　　次｜2022 年 1 月第 1 版　　　印　次｜2022 年 1 月第 1 次印刷
书　　号｜ISBN 978-7-5699-4392-4
定　　价｜47.00 元

版权所有，侵权必究